Estatuto da Criança e do Adolescente

O GEN | Grupo Editorial Nacional – maior plataforma editorial brasileira no segmento científico, técnico e profissional – publica conteúdos nas áreas de concursos, ciências jurídicas, humanas, exatas, da saúde e sociais aplicadas, além de prover serviços direcionados à educação continuada.

As editoras que integram o GEN, das mais respeitadas no mercado editorial, construíram catálogos inigualáveis, com obras decisivas para a formação acadêmica e o aperfeiçoamento de várias gerações de profissionais e estudantes, tendo se tornado sinônimo de qualidade e seriedade.

A missão do GEN e dos núcleos de conteúdo que o compõem é prover a melhor informação científica e distribuí-la de maneira flexível e conveniente, a preços justos, gerando benefícios e servindo a autores, docentes, livreiros, funcionários, colaboradores e acionistas.

Nosso comportamento ético incondicional e nossa responsabilidade social e ambiental são reforçados pela natureza educacional de nossa atividade e dão sustentabilidade ao crescimento contínuo e à rentabilidade do grupo.

Muniz **Freire**

COORDENAÇÃO
Renee do Ó **Souza**

Estatuto da Criança e do Adolescente

- O autor deste livro e a editora empenharam seus melhores esforços para assegurar que as informações e os procedimentos apresentados no texto estejam em acordo com os padrões aceitos à época da publicação, e todos os dados foram atualizados pelo autor até a data de fechamento do livro. Entretanto, tendo em conta a evolução das ciências, as atualizações legislativas, as mudanças regulamentares governamentais e o constante fluxo de novas informações sobre os temas que constam do livro, recomendamos enfaticamente que os leitores consultem sempre outras fontes fidedignas, de modo a se certificarem de que as informações contidas no texto estão corretas e de que não houve alterações nas recomendações ou na legislação regulamentadora.
- Fechamento desta edição: *14.04.2022*
- O autor e a editora se empenharam para citar adequadamente e dar o devido crédito a todos os detentores de direitos autorais de qualquer material utilizado neste livro, dispondo-se a possíveis acertos posteriores caso, inadvertida e involuntariamente, a identificação de algum deles tenha sido omitida.
- **Atendimento ao cliente: (11) 5080-0751 | faleconosco@grupogen.com.br**
- Direitos exclusivos para a língua portuguesa
  Copyright © 2022 by
  Editora Forense Ltda.
  Uma editora integrante do GEN | Grupo Editorial Nacional
  Travessa do Ouvidor, 11 – Térreo e 6º andar
  Rio de Janeiro – RJ – 20040-040
  www.grupogen.com.br
- Reservados todos os direitos. É proibida a duplicação ou reprodução deste volume, no todo ou em parte, em quaisquer formas ou por quaisquer meios (eletrônico, mecânico, gravação, fotocópia, distribuição pela Internet ou outros), sem permissão, por escrito, da Editora Forense Ltda.
- Capa: Bruno Sales Zorzetto
- **CIP – BRASIL. CATALOGAÇÃO NA FONTE.**
  SINDICATO NACIONAL DOS EDITORES DE LIVROS, RJ.

F934e

Freire, Muniz
Estatuto da criança e do adolescente / Muniz Freire; coordenação Renee do Ó Souza. – 1. ed. – Rio de Janeiro: Método, 2022.
224 p. ; 21cm (Método essencial)

Inclui bibliografia
ISBN 978-65-5964-567-1

1. Brasil. [Estatuto da criança e do adolescente (1990)]. 2. Menores – Estatuto legal, leis, etc. – Brasil. 3. Direito das crianças – Brasil. 4. Direito dos adolescentes – Brasil. 5. Serviço público – Brasil – Concursos. I. Souza, Renee do Ó. II. Título. III. Série.

22-76996   CDU: 347.157(81)(094)

Meri Gleice Rodrigues de Souza – Bibliotecária – CRB-7/6439

Sumário

Capítulo 1

Evolução do tratamento jurídico da criança e do adolescente... 1

1.1 Introdução 1

1.2 Base principiológica do direito da criança e do adolescente na Constituição Federal e Estatuto da Criança e do Adolescente 4

1.3 Disposições preliminares do ECA................................. 6

Capítulo 2

Direitos fundamentais da criança e do adolescente....... 11

2.1 Dos direitos fundamentais... 11

2.1.1 Direito à vida 11

2.1.2 Direito à saúde.. 15

2.1.2.1 Direito à vacinação obrigatória................ 20

2.1.3 Direito à liberdade, ao respeito e à dignidade 21

2.1.4 Direito à educação, à cultura, ao esporte e ao lazer..... 24

2.1.4.1 *Homeschooling* (educação domiciliar) 28

2.1.5 Direito à profissionalização............................. 29

2.2 Política de atendimento.. 32

2.2.1 Entidades de atendimento 35

Capítulo 3

Da convivência familiar e comunitária............................. 37

3.1 Do direito à convivência familiar............................... 37

3.1.1 Procedimento de entrega do filho para adoção 40

3.1.1.1 Quadro-resumo do procedimento de entrega 42

3.1.2 Programa de apadrinhamento......................... 43

3.2 Conceito de família.. 44

3.3 Família substituta 46

3.4 Guarda 47

3.4.1 Revogabilidade e coisa julgada da sentença de guarda.... 49

vi Estatuto da Criança e do Adolescente

3.4.2   Compatibilidade da guarda com o direito de visita dos pais... 49
3.4.3   Guarda por avós.. 50
3.4.4   Direito de representação processual 50
3.5   Tutela 51
3.5.1   Tutela testamentária... 52
3.6   Adoção 52
3.6.1   Características da adoção...................................... 53
3.6.2   Vedações no tocante à adoção 54
3.6.2.1   Adoção por procuração............................. 54
3.6.2.2   Adoção por ascendente e irmão 54
3.6.2.3   Adoção do tutelado ou curatelado........... 55
3.6.2.4   Idade... 55
3.6.3   Requisitos para adoção 56
3.6.3.1   Requisitos subjetivos................................ 56
3.6.3.2   Requisitos objetivos................................. 57
3.6.4   Adoção internacional... 60
3.6.5   Adoção à brasileira 61
3.6.6   Procedimento para adotar.................................... 62
3.7   Procedimento de perda ou suspensão do poder familiar 66
3.7.1   Legitimidade ativa 68
3.7.2   Petição inicial... 70
3.7.3   Concessão de liminar... 71
3.7.4   Citação e defesa do réu 71
3.7.5   Instrução e sentença 72

Capítulo 4

Da prevenção 75

4.1   Prevenção... 75
4.2   Prevenção referente à informação, cultura, lazer, esportes,
      diversões e espetáculos 77
4.3   Prevenção à venda de produtos e serviços 79
4.4   Prevenção referente à autorização para viajar 80

Capítulo 5

Medidas de proteção 85

5.1   Conceito de medidas de proteção 85
5.2   Princípios norteadores... 86
5.3   Medidas específicas de proteção 88
5.3.1   Acolhimento institucional.................................... 89

Sumário **vii**

5.3.2 Acolhimento familiar.. 90
5.4 Competência para aplicação das medidas protetivas......... 90

Capítulo 6

Conselho Tutelar e medidas pertinentes aos pais e responsáveis.. 93

6.1 Conselho Tutelar.. 93
6.1.1 Requisitos para ser conselheiro e composição............ 95
6.1.2 Processo de escolha....................................... 95
6.1.3 Atribuições.. 95
6.1.4 Impedimentos... 98
6.1.5 Definição do Conselho Tutelar competente................ 98
6.2 Medidas pertinentes aos pais e responsáveis............... 99

Capítulo 7

Ato infracional, medidas socioeducativas e procedimento de apuração do ato infracional............................ 105

7.1 Ato infracional.. 105
7.2 Medidas socioeducativas.................................... 107
7.2.1 Aplicação do princípio da insignificância aos atos infracionais.. 108
7.2.2 Da prescrição das medidas socioeducativas............... 110
7.2.3 Espécies de medidas socioeducativas..................... 112
7.2.3.1 Medida de advertência................................. 112
7.2.3.2 Obrigação de reparar o dano........................... 114
7.2.3.3 Medida de prestação de serviços à comunidade.... 115
7.2.3.4 Medida de liberdade assistida......................... 117
7.2.3.5 Medida de semiliberdade............................... 118
7.2.3.6 Medida de internação.................................. 120
7.3 Procedimento de apuração do ato infracional............... 129
7.3.1 Apreensão do adolescente................................ 129
7.3.2 Atuação da autoridade policial......................... 131
7.3.3 Apresentação ao Ministério Público..................... 133
7.3.3.1 Arquivamento dos autos................................ 135
7.3.3.2 Remissão.. 135
7.3.3.3 Representação... 137
7.3.3.4 Audiência de apresentação............................. 138
7.3.3.5 Audiência de continuação.............................. 139

viii Estatuto da Criança e do Adolescente

7.3.3.6 Sentença...141

Capítulo 8

Acesso à Justiça da infância e da juventude 143

8.1 Acesso à Justiça 143
8.2 Justiça da infância e da juventude 145
   8.2.1 Competência 145
   8.2.2 Portaria e alvará...148
8.3 Sistema recursal do ECA 150
   8.3.1 Preparo 150
   8.3.2 Prazos...151
   8.3.3 Prioridade de tramitação 152
   8.3.4 Apelação..153
8.4 Ministério Público..154
8.5 Advocacia 158
8.6 Defensoria Pública...159
8.7 Proteção judicial dos interesses individuais, difusos e coletivos ..160

Capítulo 9

Dos crimes 167

9.1 Noções gerais 167
9.2 Crimes em espécie...168

Capítulo 10

Infrações administrativas...189

10.1 Introdução 189
10.2 Infrações administrativas em espécie.........................190

Capítulo 11

Sinase..201

11.1 Introdução 201
11.2 Repartição de competências 202
11.3 Plano individual de atendimento...............................205
11.4 Principais disposições sobre a execução das medidas socioeducativas 207

Referências...215

1

Evolução do tratamento jurídico da criança e do adolescente

1.1 Introdução

A evolução do tratamento jurídico da criança e do adolescente pode ser resumida nas seguintes fases (alguns chamam de sistemas):

- fase da absoluta indiferença (indiferença penal);
- fase da mera imputação criminal;
- fase tutelar (doutrina da situação irregular);
- fase da proteção integral (doutrina da proteção integral).

Na fase da absoluta indiferença, não havia nenhum diploma legislativo que disciplinasse as crianças e adolescentes, seja sob o viés da proteção que lhes deveria ser conferida ou sob algum regulamento de sua responsabilidade pela prática de infrações penais, tendo referida fase durado até o final do século XVIII.

Assim, percebe-se que o primeiro momento do tratamento jurídico da criança e do adolescente representa efetivamente o "marco zero", já que não havia qualquer preocupação em garantir e respaldar os direitos e obrigações dessa parcela da população.

Após o final do século XVIII, iniciou-se uma preocupação legislativa com a situação das crianças e adolescentes, mas não sob o viés de resguardá-los, mas sim de coibir a prática de ilícitos por eles. Surgiu, então, a fase da mera imputação criminal, que tem como diplomas legislativos correspondentes as Ordenações Afonsinas e Filipinas, o Código Criminal do Império de 1830 e o Código Penal de 1890.

No entanto, com o tempo, viu-se que as demandas das crianças e adolescentes não poderiam se restringir a sua responsabilização penal diferenciada, surgindo assim a fase tutelar.

Nessa fase, conferiu-se aos adultos poderes para promover a integração sociofamiliar da criança, com tutela reflexa de seus interesses pessoais. Foi nessa fase que se desenvolveu a doutrina da situação irregular, em que o menor era visto apenas como um objeto de proteção, só sendo tutelado quando estava em situação irregular.

Tinha-se, então, o direito do menor, que se baseava na doutrina da situação irregular, tendo como principais diplomas legislativos o Código Mello Mattos e o Código de Menores de 1979.

O Código de Menores de 1979 (Lei nº 6.697/1979) era voltado para a assistência, proteção e vigilância, fazendo que esse código vigorasse no Brasil, fundamentado na doutrina da situação irregular do menor. Da preocupação restrita ao menor delinquente e desassistido, a lei passa a abarcar os menores que se encontravam em situação irregular.

Portanto, esse código foi alvo de muitas críticas, visto que não amparava todas as pessoas menores de idade, não detinha um caráter universal, além do fato de que era o Juiz de Menores que decidia as penas e encaminhamentos, vindo a perspectiva de tutela ser assumida em caráter de controle social.

Assim, de 1830 até 1988, salvo raríssimas exceções, a legislação brasileira que se referisse "ao menor" nascido ou residente no Brasil, era discriminatória. Esse fator se assinala, pois a legislação se referia a uma parcela considerada como "menores em situações desfavoráveis", não visando proteger ou assegurar direitos a eles.

Todo esse panorama foi alterado com a promulgação da Constituição Federal de 1988, uma vez que, atendendo ao disposto no art. 24, XV, da Constituição Federal, editou-se o Estatuto da Criança e do Adolescente.

Nesse momento, inicia-se a fase da proteção integral, em que as leis reconhecem direitos e garantias às crianças, considerando-as como pessoas em desenvolvimento, que titularizam direitos, merecendo proteção integral e prioridade absoluta da família, do Estado e da sociedade.

A proteção integral não implica mera proteção a todo custo, mas sim na consideração de ser a criança e o adolescente sujeitos de direito, devendo as políticas públicas contemplarem essa situação, proporcionando o reequilíbrio existente pela condição na interpretação do Estatuto.

Importante destacar que a proteção integral assegura um mínimo às crianças e aos adolescentes sem o qual eles não poderiam sobreviver, garantindo-lhes os mesmos direitos fundamentais dos adultos, bem como o acréscimo de alguns direitos, dada a sua situação de pessoa em desenvolvimento.

Dessa forma, a fase da proteção integral busca orientar a prescrição de direitos às pessoas em desenvolvimento e impõe deveres à sociedade, de modo a constituir um panorama jurídico especial às crianças e adolescentes.

Para uma melhor sistematização do tema, veja o quadro a seguir:

Fase da evolução do tratamento jurídico	Legislação correspondente	Palavra-chave de definição
Fase da absoluta indiferença	Não existia	"Marco zero"
Fase da mera imputação criminal	Ordenações Afonsinas e Filipinas Código Criminal do Império de 1830 Código Penal de 1890	Repreender os ilícitos criminais
Fase tutelar	Código Mello Mattos de 1927 Código de Menores de 1979	Menor como objeto de direito
Fase da proteção integral	Estatuto da Criança e do Adolescente	Criança e adolescente como sujeitos de direito

1.2 Base principiológica do direito da criança e do adolescente na Constituição Federal e Estatuto da Criança e do Adolescente

A Constituição Federal de 1988 inaugurou uma abertura democrática quanto às lutas sociais travadas no período pós-ditadura, de modo que contou com inúmeros direitos e garantias sociais, dentre os quais a proteção à criança e ao adolescente (e depois também ao jovem), externada no art. 227, que lançou as bases para o Estatuto da Criança e do Adolescente em 1990.

O ECA possui uma **tríplice base principiológica**: a **doutrina da proteção integral**, a **prioridade absoluta** e o **princípio do melhor interesse da criança**. A lei dispõe sobre a proteção integral à criança e ao adolescente, seja em relação aos menores em situação irregular, seja quanto aos que estão em situação regular, assumindo um caráter universal, diferentemente do que ocorria no antigo Código de Menores.

■ **Princípio da proteção integral:** crianças e adolescentes são sujeitos de direito, devendo ser destinatários de proteção pelo Estado, sociedade e família, e não meros objetos de tutela.

■ **Princípio da prioridade absoluta:** as políticas públicas voltadas às crianças e adolescentes assumem prioridade em relação às demais, haja vista a necessidade da pronta assistência ao Estado em relação às pessoas em desenvolvimento.

■ **Princípio do melhor interesse da criança:** a utilização de qualquer instrumento ou instituto criado em prol da criança e do adolescente não pode ser um fim em si mesmo, devendo ser utilizado sendo balizado o que é melhor para a criança no caso concreto.

Os responsáveis por esses direitos são: **família, Estado, sociedade e comunidade em geral**. Esse princípio contrapõe-se ao princípio da situação irregular, previsto no antigo Código de Menores, o qual sustentava que a sua incidência se restringia aos menores em situação irregular.

Com o ECA, consolidou-se uma vitória da sociedade brasileira: um dos mais avançados documentos em direitos humanos do mundo em prol da população infantojuvenil. As situações de ingerência arbitrária do Estado na vida de crianças e adolescentes reduziram-se drasticamente.

Deve-se registrar que houve um grande estímulo para a implementação do ECA, após a sua edição, nos âmbitos governamental e não governamental. A constituição dos conselhos de direitos – que é uma das diretrizes da política de atendimento prevista em lei –, por exemplo, determina que a formulação de políticas para a infância e a juventude deve emanar de um grupo formado primordialmente por membros representantes de organizações da sociedade civil e membros representantes das instituições governamentais.

Os avanços trazidos pela CF/1988 e pelo ECA representam uma verdadeira **quebra de paradigmas**. Houve uma **transição da Doutrina da Situação Irregular para a Doutrina da Proteção Integral**. Substitui-se o emprego da palavra "menor", que sugere uma incapacidade e revela-se estigmatizante, por "criança e adolescente", que passam a ser vistos como sujeitos em condição peculiar de desenvolvimento. Dessa feita, no ordenamento jurídico vigente, as crianças e adolescentes gozam de garantias e direitos fundamentais inerentes à pessoa humana, recebendo tratamento jurídico de sujeitos de direitos.

1.3 Disposições preliminares do ECA

O Estatuto da Criança e do Adolescente (Lei n° 8.069/1990) é composto por um **desdobramento de princípios e regras** que balizam aspectos da vida da criança e do adolescente, desde o seu nascimento até a maioridade, chancelando a doutrina da proteção integral, no seu art. 1°.

A Doutrina da Proteção Integral deve ser interpretada de acordo com os fins sociais a que se destina, sempre levando em conta que crianças e adolescentes são **pessoas em desenvolvimento**, merecendo um **tratamento especial**, conforme se depreende do art. 6° do ECA.

Não se pode olvidar que a **condição peculiar da criança e do adolescente como pessoas em desenvolvimento** não se confunde com o conceito de incapacidade. Crianças e adolescentes não são incapazes, mas sim pessoas em desenvolvimento. Quando na aplicação das medidas protetivas/socioeducativas à criança e ao adolescente, este será ouvido e sua opinião será devidamente considerada, tendo em vista o **princípio da participação progressiva.**

A Doutrina da **Proteção Integral** possui estreita ligação com o **princípio do melhor interesse da criança e do adolescente.** Essa junção orienta que toda diretriz a ser seguida pelos operadores do direito não deve ser apenas no que traduz segurança para a criança, mas também deve se comportar na busca do melhor interesse da criança e do adolescente.

Quanto ao **conceito de criança e adolescente**, o ECA estabelece, em seu art. 2º, uma divisão simples e prática, de cunho apenas cronológico. Considera-se criança a pessoa com idade de **até 12 anos incompletos**, enquanto o **adolescente** é aquele que tem **idade entre 12 e 18 anos incompletos.** Após esse marco, o adolescente passa a ser considerado adulto (civil e penalmente).

O parágrafo único justifica-se porque, quando o ECA entrou em vigor, em 1990, ainda estava em vigor o Código Civil de 1916, que dispunha que a maioridade civil se dava aos 21 anos, ao passo que a maioridade penal acontecia aos 18 anos. Portanto, antigamente havia a figura do "semiadulto" (pessoa maior de 18 anos e menor de 21 anos).

A redução da maioridade civil pela Lei nº 10.406/2002 (Código Civil de 2002) não implica a extinção da medida socioeducativa a pessoas com idade entre 18 e 21 anos, se o infrator atingiu os 18 anos no curso do cumprimento da medida.

O fato de alguém alcançar a maioridade civil não significa que essa pessoa fique livre da responsabilidade por ato infracional. O ECA, lei especial, deve prevalecer, ficando mantidas as regras que admitem sua aplicação, excepcionalmente, até o indivíduo completar 21 anos.

Cumpre registrar que para a maior parte da doutrina a aplicação do ECA aos maiores de 18 anos só se verifica nos casos de **internação** do adolescente, cujo cumprimento deverá, necessariamente, findar até os 21 anos, respeitado o período máximo de 3 anos (art. 121, §§ 3° e 5°, do ECA).

Ainda, conforme o **Estatuto da Juventude (Lei n° 12.852/2013),** denomina-se jovem a pessoa entre **15 anos completos** e **29 anos incompletos.**

Assim, **jovem adolescente** ou adolescente jovem é a pessoa entre 15 anos completos e 18 anos incompletos, para os quais há aplicação concomitante do ECA e do Estatuto da Juventude.

O interstício de 18 e 29 anos é chamado de juventude. A partir dos 30 anos podemos considerar a pessoa como adulta.

Na Convenção acerca dos Direitos da Criança das Nações Unidas, criança é todo ser humano menor de 18 anos de idade, salvo se, nos termos da lei que lhe for aplicável, atingir a maioridade mais cedo. **A Convenção não diferencia criança e adolescente.**

No plano internacional, portanto, criança é todo menor de 18 anos, salvo se o ordenamento interno expressar idade diferente. Dessa forma, caso haja conflito sobre o conceito de criança no plano internacional, deve prevalecer a legislação do Estado, em detrimento ao da Convenção.

A real necessidade de fazer essa diferenciação entre criança e adolescente é quanto às consequências pela prática de atos infracionais. Se praticada por criança conduta descrita em lei como crime ou contravenção penal, ela será submetida a medida de proteção. Se for praticada por adolescente, pode haver tanto a aplicação de medida de proteção quanto de medida socioeducativa.

Por fim, a **Lei da Primeira Infância (Lei n° 13.257/2016)** institui **proteção especial nos primeiro 72 meses** de vida da criança. Após esse decurso, a competência passa a ser exclusivamente do ECA.

- **Convenção Internacional sobre os Direitos da Criança:** criança é todo aquele menor de 18 anos, salvo se o ordenamento interno expresse de forma diferente.
- **Estatuto da Criança e do Adolescente:** criança é todo aquele menor de 12 anos. Adolescente é todo aquele entre 12 e 18 anos incompletos.
- **Estatuto da Juventude:** jovem é toda pessoa entre 15 e 29 anos.
- **Lei da Primeira Infância:** a criança até 6 anos deve receber proteção especial.

2

Direitos fundamentais da criança e do adolescente

2.1 Dos direitos fundamentais

Os direitos fundamentais reservados às crianças e aos adolescentes encontram-se expostos no Capítulo I do Título II do ECA, nos arts. 7º a 69. Estão também normatizados no âmbito da Constituição Federal.

O rol de direitos fundamentais elencado no ECA vai desde os direitos à vida e à saúde, até a disciplina do direito à convivência familiar, seja no seio da família natural ou mesmo em família substituta. Tais direitos possuem caráter prestacional, contendo deveres de fazer ou de dar, impostos ao Poder Público e aos pais e responsáveis. São direitos típicos da segunda geração de direitos fundamentais.

2.1.1 Direito à vida

Direito à vida é sustentado a todas as pessoas, sem exceção. Não restam dúvidas de que seria um direito essencial também a crianças e adolescentes. Como direito inviolável do indivíduo, é o primeiro direito a ser elencado no ECA, expresso em seu art. 7º, em consonância com os arts. 5º e 227 da Constituição Federal.

O direito à saúde também está expresso no mesmo artigo do ECA e podemos especificar que este é exatamente a qualificação do direito à vida. Vejamos o exposto no art. 7º do ECA:

> Art. 7º A criança e o adolescente têm direito a proteção à vida e à saúde, mediante a efetivação de políticas sociais públicas que permitam o nascimento e o desenvolvimento sadio e harmonioso, em condições dignas de existência.

Nessa perspectiva, não é suficiente garantir o direito à vida, e sim o direito à vida com saúde. Cumpre observar que esse direito à saúde elencado no ECA irradia-se para a mãe gestante, com o fim de garantir o direito à vida e à saúde daquele que ainda está para nascer.

O que se discute muito no nosso ordenamento, embora seja um reduto sem solução ainda, é quanto à proteção jurídica do embrião. Proteção essa que vai muito além da defesa do nascituro, com seu direito a nascer com vida já previsto em nossa legislação. Estamos nos referindo à matéria genética em si, ao embrião vivo e fecundo que, se for implantado e receber as condições adequadas, pode vir a se transformar em um ser humano.

Haja vista a pesquisa com células-tronco embrionárias já ser permitida no Brasil e em muitos outros países pelo mundo, não podemos negar a grande carga valorativa que a discussão do seu uso pode nos proporcionar.

Células-tronco têm por característica principal a capacidade de se transformar em qualquer tecido do corpo humano e de se multiplicar, motivo pelo qual a ciência médica crê em sua aptidão para a cura de doenças degenerativas e outras tantas consideradas incuráveis. Podem ser de adultos, quando já depositadas em tecidos do corpo humano, ou embrionárias, ou seja, extraídas dos embriões (material monozigótico fecundado). Com a extração das células-tronco, o embrião deixa de existir.

A discussão gira em torno de se, ao extrair células-tronco de embriões, que deixam de sê-lo, para constituir apenas matéria viva, não seria o caso de interrupção da vida, já que aquele embrião estaria apto a ser um ser humano saudável se recebesse as condições necessárias.

Em torno dessa discussão, em 2005 foi editada a Lei Nacional de Biossegurança (Lei nº 11.105/2005), com o intento de autorizar a pesquisa com células-tronco embrionárias depositadas em clínicas de fertilização, consideradas inviáveis ou ultrapassado o período de depósito seguro, sempre com a concordância dos doadores do material genético.

Posteriormente, foi questionada a sua constitucionalidade por meio da ADI nº 3.510/2008, ocasião em que o STF decidiu que, no que tange à existência, poderia ser considerada uma violação ao direito à vida do embrião. No entanto, no tocante à dimensão da integridade, deveria ser privilegiado o direito à vida das pessoas beneficiadas com o tratamento viabilizado a partir de pesquisas realizadas com a extração de células-tronco embrionárias. A ADI citada foi julgada improcedente.

Ainda em relação ao direito à vida do nascituro em nascer e permanecer com vida, temos exceções legais previstas no Código Penal quanto à interrupção da gestação: o aborto necessário, por motivo de pôr em risco a vida da gestante (art. 128, I, CP) e o aborto humanitário ou sentimental, que é aquele em que a mulher engravida por ter sido violentada sexualmente (art. 128, II, CP).

Como já tratado anteriormente, deve haver uma ponderação em meio ao conflito entre princípios, até porque não há princípio absoluto. Nessa situação do aborto necessário ou do humanitário, vemos a colisão entre, na primeira modalidade, a vida da mãe e a possibilidade de vida do feto e, na segunda, a viabilidade de vida do feto e a incolumidade psíquica e moral da gestante.

Ainda quanto a essa vertente, tem entendido a jurisprudência de nossa Corte Excelsa que, em casos de anencefalia (feto sem desenvolvimento total do cérebro, seja total ou parcial, porém de forma que inviabilize a vida extrauterina), a interrupção da gravidez não pode ser considerada crime.

A situação chegou até o Supremo através da ADPF nº 54, que consistia no pedido de declaração de inconstitucionalidade de qualquer interpretação que tornasse típica a conduta do aborto de fetos anencefálicos. Nesse julgamento foi declarada a inconstitucionalidade de qualquer interpretação que levasse à criminalização da interrupção nos casos de anencefalia. Assim, em apertada síntese, concluiu-se que o feto anencefálico não goza da mesma proteção à vida dada aos demais fetos, diante da ausência de potencialidade de sobrevida.

A 1ª Turma do STF, no julgamento do HC 124.306/RJ, mencionou a possibilidade de se admitir que a interrupção da gravidez no primeiro trimestre da gestação não seria crime, por vislumbrar que referida criminalização vulnera o núcleo essencial de um conjunto de direitos fundamentais da mulher. A decisão foi proferida em sede de controle difuso de constitucionalidade, sendo que o Plenário do Supremo ainda não se manifestou.

2.1.2 Direito à saúde

O direito à saúde da criança e do adolescente, além de albergar a mulher gestante, tutela também todas as mulheres com relação a programas e políticas de saúde da mulher e do planejamento reprodutivo. Sendo assim, o ECA traz em seu texto proteção a todas essas mulheres, mais especificamente em seu art. 8°, vejamos:

> Art. 8° É assegurado a todas as mulheres o acesso aos programas e às políticas de saúde da mulher e de planejamento reprodutivo e, às gestantes, nutrição adequada, atenção humanizada à gravidez, ao parto e ao puerpério e atendimento pré-natal, perinatal e pós-natal integral no âmbito do Sistema Único de Saúde. (Redação dada pela Lei n° 13.257, de 2016.)
>
> § 1° O atendimento pré-natal será realizado por profissionais da atenção primária. (Redação dada pela Lei n° 13.257, de 2016.)
>
> § 2° Os profissionais de saúde de referência da gestante garantirão sua vinculação, no último trimestre da gestação, ao estabelecimento em que será realizado o parto, garantido o direito de opção da mulher. (Redação dada pela Lei n° 13.257, de 2016.)
>
> § 3° Os serviços de saúde onde o parto for realizado assegurarão às mulheres e aos seus filhos recém-nascidos alta hospitalar responsável e contrarreferência na atenção primária, bem como o acesso a outros serviços e a grupos de apoio à amamentação. (Redação dada pela Lei n° 13.257, de 2016.)
>
> § 4° Incumbe ao poder público proporcionar assistência psicológica à gestante e à mãe, no período pré e pós-natal, inclusive como forma de prevenir ou minorar as conse-

quências do estado puerperal (Incluído pela Lei nº 12.010, de 2009.)

§ 5º A assistência referida no § 4º deste artigo deverá ser prestada também a gestantes e mães que manifestem interesse em entregar seus filhos para adoção, bem como a gestantes e mães que se encontrem em situação de privação de liberdade. (Redação dada pela Lei nº 13.257, de 2016.)

§ 6º A gestante e a parturiente têm direito a 1 (um) acompanhante de sua preferência durante o período do pré-natal, do trabalho de parto e do pós-parto imediato. (Incluído pela Lei nº 13.257, de 2016.)

§ 7º A gestante deverá receber orientação sobre aleitamento materno, alimentação complementar saudável e crescimento e desenvolvimento infantil, bem como sobre formas de favorecer a criação de vínculos afetivos e de estimular o desenvolvimento integral da criança. (Incluído pela Lei nº 13.257, de 2016.)

§ 8º A gestante tem direito a acompanhamento saudável durante toda a gestação e a parto natural cuidadoso, estabelecendo-se a aplicação de cesariana e outras intervenções cirúrgicas por motivos médicos. (Incluído pela Lei nº 13.257, de 2016.)

§ 9º A atenção primária à saúde fará a busca ativa da gestante que não iniciar ou que abandonar as consultas de pré-natal, bem como da puérpera que não comparecer às consultas pós-parto. (Incluído pela Lei nº 13.257, de 2016.)

§ 10. Incumbe ao poder público garantir, à gestante e à mulher com filho na primeira infância que se encontrem sob custódia em unidade de privação de liberdade, ambiência que atenda às normas sanitárias e assistenciais do

Sistema Único de Saúde para o acolhimento do filho, em articulação com o sistema de ensino competente, visando ao desenvolvimento integral da criança. (Incluído pela Lei nº 13.257, de 2016.)

O Sistema Único de Saúde (SUS) deve fornecer à mulher acesso à política de saúde e planejamento reprodutivo, bem como à gestante, de qualquer natureza e nível social, o acesso seguro à nutrição adequada, atenção humanizada à gravidez, ao parto e ao puerpério, além de atendimento pré-natal, perinatal e pós-natal. Uma gestação adequada previne doenças e permite o desenvolvimento sadio do feto, de maneira que o recém-nascido terá melhores condições de vida.

Além do mais, a Lei n° 13.257/2016 (Lei da Primeira Infância) protege a criança e a mãe em gestação e, apesar de ter realizado algumas alterações no ECA, possui autonomia própria. Por exemplo, o art. 8°, § 5°, do ECA (incluído pela referida lei) prevê o dever de prestar assistência psicológica à gestante durante a gestação e após o parto.

Tem ainda a gestante garantido o direito a um acompanhante no período pré-natal até imediatamente após o parto, assim como o planejamento reprodutivo e o parto natural cuidadoso. Fica também permitido à mãe entregar a criança logo após o parto para a adoção, garantindo-se a sua confidencialidade (direito ao parto anônimo).

Merece destaque, ainda, a **Lei n° 13.798**, publicada no dia **3 de janeiro de 2019**, que acrescentou o art. 8°-A ao ECA para instituir a Semana Nacional de Prevenção da Gravidez na Adolescência. Vejamos o teor desse novo artigo:

Art. 8°-A Fica instituída a Semana Nacional de Prevenção da Gravidez na Adolescência, a ser realizada anualmente na semana que incluir o dia 1° de fevereiro, com o objetivo

18 Estatuto da Criança e do Adolescente

de disseminar informações sobre medidas preventivas e educativas que contribuam para a redução da incidência da gravidez na adolescência. (Incluído pela Lei nº 13.798, de 2019.)

Parágrafo único. As ações destinadas a efetivar o disposto no *caput* deste artigo ficarão a cargo do poder público, em conjunto com organizações da sociedade civil, e serão dirigidas prioritariamente ao público adolescente. (Incluído pela Lei nº 13.798, de 2019.)

O ECA tutela ainda a necessidade de se garantir o aleitamento materno adequado, prevendo em seu art. 9º a obrigação do Poder Público, instituições e empregadores proporcionarem condições adequadas ao aleitamento materno, inclusive aos filhos de mães submetidas a medida privativa de liberdade.

Os estabelecimentos de saúde possuem obrigações específicas quanto a adequada identificação dos recém-nascidos, prevenindo possíveis erros ou troca de bebês. Inclusive, não só o art. 10 do ECA prevê tal garantia, como os arts. 228 e 229 do ECA estabelecem que as condutas omissivas daqueles que deixam de cumprir tal dispositivo se configuram como crime. São obrigações dos hospitais e demais estabelecimentos de atenção à saúde:

- manter registro das atividades desenvolvidas, através de prontuários individuais, pelo prazo de 18 anos;
- identificar o recém-nascido mediante o registro de sua impressão plantar e digital e da impressão digital da mãe, sem prejuízo de outras formas normatizadas pela autoridade administrativa competente;
- proceder a exames visando ao diagnóstico e terapêutica de anormalidades no metabolismo do recém-nascido, bem como prestar orientação aos pais;

- fornecer declaração de nascimento onde constem necessariamente as intercorrências do parto e do desenvolvimento do neonato;
- manter alojamento conjunto, possibilitando ao neonato a permanência junto à mãe;
- acompanhar a prática do processo de amamentação, prestando orientações quanto à técnica adequada, enquanto a mãe permanecer na unidade hospitalar, utilizando o corpo técnico já existente.

Dentre tais obrigações, destaca-se a certidão de nascido vivo, pois esta possibilita à genitora registrar a criança no registro civil de pessoas naturais, bem como permite que o feto nascido vivo contraia direitos e obrigações por ter nascido com vida. Resumindo, juridicamente a criança existiu e pode ter contraído determinados direitos, como a herança, entre outros.

No tocante às crianças e aos adolescentes com deficiência, estes serão atendidos, sem discriminação ou segregação, em suas necessidades gerais de saúde e específicas de habilitação e reabilitação (art. 11, § 1°, ECA).

O art. 12, por sua vez, estipula que os estabelecimentos de atendimento à saúde, inclusive as unidades neonatais, de terapia intensiva e de cuidados intermediários, deverão proporcionar condições para a permanência em tempo integral de um dos pais ou responsável, nos casos de internação de criança ou adolescente.

O objetivo dessas garantias e proteções é a preservação da família natural, entretanto, em situações limítrofes, em que a mãe demonstre interesse em não ficar com a criança, o médico e a instituição de saúde têm a obrigação de encaminhá-la à autoridade judiciária competente.

A finalidade é combater o puro e simples abandono de crianças recém-nascidas à própria sorte. O acompanhamento da mãe e da criança recém-nascida preserva a saúde da criança, bem como pode estreitar os laços maternos e fazer a mãe desistir de entregar a criança à adoção.

Demais disso, qualquer suspeita de castigo ou maus-tratos físicos deve ser comunicada ao Conselho Tutelar. O ECA dispõe que toda suspeita fundada ou confirmação de castigo físico, tratamento cruel ou degradante e maus-tratos, deve ser imediatamente notificada à autoridade competente.

Não só o estabelecimento de saúde pública detém a obrigação de denunciar, mas também todo e qualquer círculo social ao qual a criança pertença (igreja, escolas, creches, associações etc.), sendo infração administrativa a omissão na comunicação.

2.1.2.1 Direito à vacinação obrigatória

O art. 14, § 1º, do ECA dispõe que é obrigatória a vacinação das crianças nos casos recomendados pelas autoridades sanitárias. Como desdobramento desse dispositivo, os Tribunais Pátrios têm entendido que é perfeitamente admissível, e até recomendável, que o Poder Público obrigue, por meio de ordem judicial ou do Conselho Tutelar, que os pais encaminhem seus filhos à vacinação obrigatória.

Demais disso, no Informativo nº 1.003 do STF, foi divulgado o julgamento do ARE 1.267.879/SP, julgado em 16 e 17 de dezembro de 2020, em que se fixou a seguinte tese:

> É constitucional a obrigatoriedade de imunização por meio de vacina que, registrada em órgão de vigilância sanitária, (i) tenha sido incluída no Programa Nacional de

Imunizações ou (ii) tenha sua aplicação obrigatória determinada em lei ou (iii) seja objeto de determinação da União, estado, Distrito Federal ou município, com base em consenso médico-científico. Em tais casos, não se caracteriza violação à liberdade de consciência e de convicção filosófica dos pais ou responsáveis, nem tampouco ao poder familiar.

2.1.3 Direito à liberdade, ao respeito e à dignidade

O segundo rol de direitos e garantias fundamentais diz respeito ao direito de liberdade, de respeito e de dignidade, previstos nos arts. 15 a 18 do ECA. O alcance de tais dispositivos se entrelaça com os dos arts. 1°, III, e 5°, *caput*, da CF/1988.

Liberdade, respeito e dignidade da pessoa humana são valores sociais que irradiam por todo o sistema jurídico, desde a Constituição Federal até dispositivos normativos de menor hierarquia. O direito à liberdade pode ser catalogado em um grupo específico de direitos, conforme o exposto no art. 16, a saber:

a) direito de ir, vir e estar nos logradouros públicos e espaços públicos e espaços comunitários, ressalvadas as restrições legais;

b) direito de opinião e expressão;

c) direito de crença e culto religioso;

d) direito de brincar, praticar esportes e se divertir;

e) direito de participar da vida familiar e comunitária, sem discriminação;

f) direito de participar da vida política, na forma da lei; e

g) direito de buscar refúgio, auxílio e orientação.

As previsões acerca do direito de liberdade não se esgotam no art. 16 do ECA, sendo até mesmo consideradas uma repetição de garantias já expressas e defendidas no texto constitucional.

Nesse sentido, o art. 15 do ECA dispõe que a criança e o adolescente têm direito à liberdade, ao respeito e à dignidade como pessoas humanas em processo de desenvolvimento e como sujeitos de direitos civis, humanos e sociais garantidos na Constituição e nas leis.

Quando se fala em direito à liberdade da criança e do adolescente, é inerente travar a discussão sobre a instituição de toque de recolher por meio de portarias judiciais ou leis municipais, que restringem o direito de ir e vir das crianças e dos adolescentes em vias públicas quando estão desacompanhados de seus pais. *O Estado de São Paulo* foi destaque em jornais quanto a essas medidas.

Esses atos normativos são ilegais por diversos motivos. Primeiramente, apresenta-se em conflito com a Doutrina da Proteção Integral, personificando a doutrina da situação irregular. Nesse sentido, o Estado deve respeitar as garantias dadas às crianças e adolescente, em especial o direito de liberdade (arts. 15 e 16 do ECA), não podendo o juiz criar restrições a esses direitos fora das hipóteses taxativas previstas na legislação. O Estado deveria, observando situação de violação dos direitos das crianças e adolescentes, adotar medidas que promovam esses direitos, e não os privar da liberdade, em prol de argumentos retóricos de proteção.

Além disso, o ECA permite, exclusivamente, determinar portarias e alvarás judiciais para regular casos concretos e específicos, vedadas as determinações de caráter geral (art. 149). Conforme entendeu o Superior Tribunal de Justiça, é vedado ao juiz agir como se fosse o legislador local, expedindo portarias que fixam normas sobre o que pais podem ou não fazer, em flagrante violação ao poder familiar.

Outro caso similar foi o dos **"rolezinhos"**, como ficou conhecido o movimento em que diversos jovens marcam encontros alternativos pela internet com o objetivo de se conhecerem.

A Defensoria Pública do Estado de São Paulo impetrou *habeas corpus* com o objetivo de anular a portaria editada pelo juiz de Ribeirão Preto, por meio da qual proibia crianças e adolescentes, a partir de certa idade, a frequência desacompanhada aos *shoppings centers* locais, sob o argumento de violação frontal ao direito de liberdade de ir e vir, por intimidar pessoas e transeuntes que tinham como único lazer a frequência a esses locais.

O HC 320.938/SP não foi conhecido pelo STJ, todavia foi emitida a liminar com o objetivo de anular a portaria objeto da ação e restabelecer à normalidade o direito de ir e vir das crianças e adolescentes. O juiz que editou a referida portaria, com o fito de evitar a restrição do direito de ir e vir de pessoas que se sentiriam intimidadas com a presença dos jovens (possibilidade apenas no ideal, pois não há como quantificar as pessoas que seriam tolhidas em sua liberdade), acabou por restringir o direito de ir e vir de crianças e adolescentes, só que dessa vez podia se inferir a coletividade de pessoas afetadas (crianças e adolescentes que foram tolhidos de frequentar determinados lugares).

Quanto ao art. 17, há a previsão do direito ao respeito que consiste na inviolabilidade da integridade física, psíquica e moral da criança e do adolescente, abrangendo sua imagem, identidade, autonomia, valores, ideias e crenças, espaços e objetos pessoais.

A imagem de crianças e adolescentes é protegida. A sua veiculação e associação em meios de comunicação é vedada, independentemente de ostentar a condição de acusado ou vítima de determinado ato.

É dever de todos velar pela dignidade da criança e do adolescente, pondo-os a salvo de qualquer tratamento desumano, violento, aterrorizante, vexatório ou constrangedor (art. 18). Dentro dessa perspectiva, o ECA proíbe a utilização de castigo físico ou tratamento cruel ou degradante, como forma de correção, disciplina, educação ou qualquer outro pretexto, pelos pais, pelos integrantes da família ampliada, pelos responsáveis, pelos agentes públicos executores de medidas socioeducativas ou por qualquer pessoa encarregada de cuidar deles, tratá-los, educá-los ou protegê-los.

Importante!

Castigo físico: é toda ação de natureza disciplinar ou punitiva que, utilizando-se de força física contra crianças ou adolescentes, resulta em sofrimento físico ou lesão.

Tratamento cruel ou degradante: conduta ou forma cruel de tratamento em relação à criança ou ao adolescente que humilhe, ameace gravemente ou ridicularize.

O **castigo físico** pressupõe **contato físico**, ao passo que, no tratamento cruel ou degradante, este não é necessário.

2.1.4 Direito à educação, à cultura, ao esporte e ao lazer

O direito à educação, à cultura, ao esporte e ao lazer integram a segunda geração de direitos fundamentais, os quais exigem prestações positivas do Estado. A implementação desses direitos se dá por meio de políticas públicas, sendo todos os entes federativos responsáveis pela sua perfectibilização.

Normalmente, quando cobrados em provas, resumem-se à literalidade da lei, visto se tratar de um tema quase unanimemente constitucional. Sendo assim, neste tópico faremos a transcrição dos artigos correspondentes e, após, breves comentários.

Art. 53. A criança e o adolescente têm direito à educação, visando ao pleno desenvolvimento de sua pessoa, preparo para o exercício da cidadania e qualificação para o trabalho, assegurando-se-lhes:

I – igualdade de condições para o acesso e permanência na escola;

II – direito de ser respeitado por seus educadores;

III – direito de contestar critérios avaliativos, podendo recorrer às instâncias escolares superiores;

IV – direito de organização e participação em entidades estudantis;

V – acesso à escola pública e gratuita, próxima de sua residência, garantindo-se vagas no mesmo estabelecimento a irmãos que frequentem a mesma etapa ou ciclo de ensino da educação básica. (Redação dada pela Lei nº 13.845, de 2019.)

Parágrafo único. É direito dos pais ou responsáveis ter ciência do processo pedagógico, bem como participar da definição das propostas educacionais.

Art. 53-A. É dever da instituição de ensino, clubes e agremiações recreativas e de estabelecimentos congêneres assegurar medidas de conscientização, prevenção e enfrentamento ao uso ou dependência de drogas ilícitas. (Incluído pela Lei nº 13.840, de 2019.)

Art. 54. É dever do Estado assegurar à criança e ao adolescente:

I – ensino fundamental, obrigatório e gratuito, inclusive para os que a ele não tiveram acesso na idade própria;

II – progressiva extensão da obrigatoriedade e gratuidade ao ensino médio;

III – atendimento educacional especializado aos portadores de deficiência, preferencialmente na rede regular de ensino;

IV – atendimento em creche e pré-escola às crianças de zero a cinco anos de idade; (Redação dada pela Lei nº 13.306, de 2016.)

V – acesso aos níveis mais elevados do ensino, da pesquisa e da criação artística, segundo a capacidade de cada um;

VI – oferta de ensino noturno regular, adequado às condições do adolescente trabalhador;

VII – atendimento no ensino fundamental, através de programas suplementares de material didático-escolar, transporte, alimentação e assistência à saúde.

§ 1º O acesso ao ensino obrigatório e gratuito é direito público subjetivo.

§ 2º O não oferecimento do ensino obrigatório pelo poder público ou sua oferta irregular importa responsabilidade da autoridade competente.

§ 3º Compete ao poder público recensear os educandos no ensino fundamental, fazer-lhes a chamada e zelar, junto aos pais ou responsável, pela frequência à escola.

Art. 55. Os pais ou responsável têm a obrigação de matricular seus filhos ou pupilos na rede regular de ensino.

Art. 56. Os dirigentes de estabelecimentos de ensino fundamental comunicarão ao Conselho Tutelar os casos de:

I – maus-tratos envolvendo seus alunos;

II – reiteração de faltas injustificadas e de evasão escolar, esgotados os recursos escolares;

III – elevados níveis de repetência.

Art. 57. O poder público estimulará pesquisas, experiências e novas propostas relativas a calendário, seriação, currículo, metodologia, didática e avaliação, com vistas à inserção de crianças e adolescentes excluídos do ensino fundamental obrigatório.

Art. 58. No processo educacional respeitar-se-ão os valores culturais, artísticos e históricos próprios do contexto social da criança e do adolescente, garantindo-se a estes a liberdade da criação e o acesso às fontes de cultura.

Art. 59. Os municípios, com apoio dos estados e da União, estimularão e facilitarão a destinação de recursos e espaços para programações culturais, esportivas e de lazer voltadas para a infância e a juventude.

O direito à educação é garantido constitucionalmente, bem como no ECA e através da Lei de Diretrizes Básicas da Educação (Lei nº 9.394/1996). O Poder Judiciário tem se tornado protagonista na implementação de políticas públicas, determinando a realização de direitos sociais.

A necessidade de atuação do Judiciário se dá justamente por se tratar de normas programáticas. Muitas vezes, o Executivo não cumpre a contento algumas garantias sociais voltadas ao atendimento de crianças e adolescentes, gerando a judicialização de particulares em alguns casos.

Tem sido cada vez mais recorrente a provocação do Judiciário para possibilitar a matrícula de crianças e adolescente em creches ou escolas, haja vista a insuficiência de vagas ofertadas. Sobre esse tema, sempre pairaram dúvidas sobre o juízo competente para apreciar referidas demandas, se seria o Juízo da Infância ou da Fazenda Pública.

Ao apreciar o tema, o STJ (REsp 1.846.781/MS, j. 10.02.2021) fixou entendimento no sentido de que a **Justiça da Infância e da Juventude tem competência absoluta para processar e julgar causas envolvendo matrícula de criança ou adolescente em creches ou escolas, nos termos dos arts. 148, IV, e 209 do ECA.**

No que tange à educação das crianças e adolescentes com deficiência, deve-se destacar que atualmente há uma concepção humanística em relação às pessoas com deficiências, predominando a ideia de que não são estas que devem se adaptar à sociedade, mas a sociedade que deve se adaptar a elas.

Com relação às crianças com deficiência, elas devem ser matriculadas, preferencialmente, na rede regular de ensino. Se for considerado razoável para a criança, e ela quiser, a escola tem a obrigação de aceitá-la e não pode cobrar valores adicionais de qualquer natureza em suas mensalidades, anuidades e matrículas para cumprimento de sua obrigação.

Esse é o teor dos arts. 28, § 1º, e 30 do Estatuto da Pessoa com Deficiência, que foram, inclusive, declarados constitucionais pelo Plenário do STF na ADI nº 5.357, julgada em 09.06.2016.

2.1.4.1 Homeschooling (educação domiciliar)

O *homeschooling* deve ser entendido como uma forma de educação domiciliar, em que o ensino da criança/adolescente será provido em sua residência, não havendo deslocamento para uma instituição de ensino.

O STF, no RE 888.815/RS, em 12.09.2018, entendeu que não é possível atualmente o ensino domiciliar (*homeschooling*) como meio lícito de cumprimento pela família do dever de prover educação. Isso porque, **embora não haja vedação constitucional para essa modalidade de ensino**, o *homeschooling* não pode ser atualmente exercido porque não há legislação que regulamente os preceitos e as regras aplicáveis a essa modalidade de ensino.

Assim, o ensino domiciliar somente pode ser implementado no Brasil após uma regulamentação por meio de lei na qual sejam previstos mecanismos de avaliação e fiscalização, devendo essa lei respeitar os mandamentos constitucionais que tratam sobre educação.

No entanto, é importar frisar que **em nenhum momento o STF afirmou que o** *homeschooling* **é vedado de forma absoluta no Brasil**, apenas estabeleceu que no atual estágio do nosso ordenamento jurídico não há amparo para essa modalidade de ensino, devendo seus critérios e requisitos serem regulamentados pelo Congresso.

2.1.5 Direito à profissionalização

Não muito diferente do tópico anterior, não nos deteremos a maiores anseios quando, na realidade, é a literalidade da lei que é cobrada em provas de concurso e OAB. O aprofundamento desse tópico é tratado de forma mais pormenorizada em Direito Constitucional ou Direito do Trabalho.

O ECA se detém mais a especificar as modalidades proibidas, a idade para o trabalho e as formas de exercícios ilícitas. Vejamos os artigos específicos:

Art. 60. É proibido qualquer trabalho a menores de quatorze anos de idade, salvo na condição de aprendiz.

Art. 61. A proteção ao trabalho dos adolescentes é regulada por legislação especial, sem prejuízo do disposto nesta Lei.

Art. 62. Considera-se aprendizagem a formação técnico-profissional ministrada segundo as diretrizes e bases da legislação de educação em vigor.

Art. 63. A formação técnico-profissional obedecerá aos seguintes princípios:

I – garantia de acesso e frequência obrigatória ao ensino regular;

II – atividade compatível com o desenvolvimento do adolescente;

III – horário especial para o exercício das atividades.

Art. 64. Ao adolescente até quatorze anos de idade é assegurada bolsa de aprendizagem.

Art. 65. Ao adolescente aprendiz, maior de quatorze anos, são assegurados os direitos trabalhistas e previdenciários.

Art. 66. Ao adolescente portador de deficiência é assegurado trabalho protegido.

Art. 67. Ao adolescente empregado, aprendiz, em regime familiar de trabalho, aluno de escola técnica, assistido em entidade governamental ou não governamental, é vedado trabalho:

I – noturno, realizado entre as vinte e duas horas de um dia e as cinco horas do dia seguinte;

II – perigoso, insalubre ou penoso;

III – realizado em locais prejudiciais à sua formação e ao seu desenvolvimento físico, psíquico, moral e social;

IV – realizado em horários e locais que não permitam a frequência à escola.

Art. 68. O programa social que tenha por base o trabalho educativo, sob responsabilidade de entidade governamental ou não governamental sem fins lucrativos, deverá assegurar ao adolescente que dele participe condições de capacitação para o exercício de atividade regular remunerada.

§ 1º Entende-se por trabalho educativo a atividade laboral em que as exigências pedagógicas relativas ao desenvolvimento pessoal e social do educando prevalecem sobre o aspecto produtivo.

§ 2º A remuneração que o adolescente recebe pelo trabalho efetuado ou a participação na venda dos produtos de seu trabalho não desfigura o caráter educativo.

Art. 69. O adolescente tem direito à profissionalização e à proteção no trabalho, observados os seguintes aspectos, entre outros:

I – respeito à condição peculiar de pessoa em desenvolvimento;

II – capacitação profissional adequada ao mercado de trabalho.

É importante também, para uma visão interdisciplinar do tema, conhecer o teor da Convenção 182 da OIT, que versa sobre a "Proibição das Piores Formas de Trabalho Infantil e a Ação Imediata para a sua Eliminação". Não iremos reproduzi-la neste material, por ser um diploma que está mais relacionado ao estudo dos Direitos Humanos, porém fica a dica de leitura.

2.2 Política de atendimento

A política de atendimento da criança e do adolescente, disposta nos arts. 86 ao 97 do ECA, deve ser entendida como um conjunto articulado de ações governamentais e não governamentais da União, dos estados, do Distrito Federal e dos municípios, que visam resguardar e amparar os direitos da criança e do adolescente.

Antes do Estatuto da Criança e do Adolescente, entendia-se que a política de atendimento deveria ser centralizada na União, a partir da qual sairiam os comandos aos estados, Distrito Federal e municípios. Após o ECA, impõe-se um conjunto de ações governamentais de todos os entes, em igualdade de condições com organizações e entidades não governamentais.

A própria Constituição Federal de 1988 (art. 204, I e II) adotou o modelo de descentralização político-administrativa, com a participação eficaz dos entes estaduais e municipais na execução de programas voltados a população de crianças e adolescentes.

Essa descentralização político-administrativa ocasiona uma espécie de corresponsabilidade entre todos os atores que compõem a política de atendimento. Tem-se, assim, o denominado "Sistema de Garantias dos Direitos Infantojuvenis", que visa proporcionar a essa parcela da população um patamar mínimo ético de dignidade, tendo por primado a defesa, promoção e controle da efetivação dos direitos de crianças e adolescentes.

No art. 87, o ECA estabeleceu **as linhas de ação da política de atendimento**, quais sejam:

I – políticas sociais básicas;

II – serviços, programas, projetos e benefícios de assistência social de garantia de proteção social e de prevenção e redução de violações de direitos, seus agravamentos ou reincidências;

III – serviços especiais de prevenção e atendimento médico e psicossocial às vítimas de negligência, maus-tratos, exploração, abuso, crueldade e opressão;

IV – serviço de identificação e localização de pais, responsável, crianças e adolescentes desaparecidos;

V – proteção jurídico-social por entidades de defesa dos direitos da criança e do adolescente.

VI – políticas e programas destinados a prevenir ou abreviar o período de afastamento do convívio familiar e a garantir o efetivo exercício do direito à convivência familiar de crianças e adolescentes;

VII – campanhas de estímulo ao acolhimento sob forma de guarda de crianças e adolescentes afastados do convívio familiar e à adoção, especificamente inter-racial, de crianças maiores ou de adolescentes, com necessidades específicas de saúde ou com deficiências e de grupos de irmãos.

Essas linhas de ação devem ser entendidas como o mínimo necessário para o fomento e perfectibilização da política de atendimento dos direitos da criança e do adolescente. Por sua vez, o art. 88 do ECA, *in verbis*, estabelece **as diretrizes da política de atendimento**, que devem ser compreendidas como orientações a serem seguidas pelo Poder Público, a fim de materializar as linhas de ação.

Art. 88. São diretrizes da política de atendimento:

I – municipalização do atendimento;

II – criação de conselhos municipais, estaduais e nacional dos direitos da criança e do adolescente, órgãos deliberativos e controladores das ações em todos os níveis, assegurada a participação popular paritária por meio de organizações representativas, segundo leis federal, estaduais e municipais;

III – criação e manutenção de programas específicos, observada a descentralização político-administrativa;

IV – manutenção de fundos nacional, estaduais e municipais vinculados aos respectivos conselhos dos direitos da criança e do adolescente;

V – integração operacional de órgãos do Judiciário, Ministério Público, Defensoria, Segurança Pública e Assistência Social, preferencialmente em um mesmo local, para efeito de agilização do atendimento inicial a adolescente a quem se atribua autoria de ato infracional;

VI – integração operacional de órgãos do Judiciário, Ministério Público, Defensoria, Conselho Tutelar e encarregados da execução das políticas sociais básicas e de assistência social, para efeito de agilização do atendimento de crianças e de adolescentes inseridos em programas de acolhimento familiar ou institucional, com vista na sua rápida reintegração à família de origem ou, se tal solução se mostrar comprovadamente inviável, sua colocação em família substituta, em quaisquer das modalidades previstas no art. 28 desta Lei;

VII – mobilização da opinião pública para a indispensável participação dos diversos segmentos da sociedade.

VIII – especialização e formação continuada dos profissionais que trabalham nas diferentes áreas da atenção à primeira infância, incluindo os conhecimentos sobre direitos da criança e sobre desenvolvimento infantil;

IX – formação profissional com abrangência dos diversos direitos da criança e do adolescente que favoreça a intersetorialidade no atendimento da criança e do adolescente e seu desenvolvimento integral;

X – realização e divulgação de pesquisas sobre desenvolvimento infantil e sobre prevenção da violência.

2.2.1 Entidades de atendimento

Entidade de atendimento é a pessoa jurídica de direito público ou privado que instala e mantém a unidade e os recursos humanos e materiais necessários ao desenvolvimento de programas de atendimento. São tais pessoas jurídicas que irão planejar e executar os programas de proteção (orientação e apoio sociofamiliar, apoio socioeducativo em meio aberto, colocação familiar, acolhimento institucional) e socioeducativo (prestação de serviços à comunidade, liberdade assistida, semiliberdade e internação), conforme dispõe o art. 90 do ECA.

A política de atendimento deve ser executada por entidades de atendimento governamentais e não governamentais. As **entidades governamentais** gozam de presunção de idoneidade, em virtude de sua natureza pública. Entretanto, se estas forem entidades não governamentais, devem, antes do início de suas atividades, realizar seu registro junto ao Conselho Municipal de Direitos da Criança e do Adolescente.

Essa exigência visa justamente fortalecer o princípio da municipalização do atendimento, estabelecendo maior autonomia dos municípios no gerenciamento de suas entidades não governamentais locais que são voltadas ao atendimento de crianças e adolescentes.

Um dos principais objetivos das entidades de atendimento é assegurar a reestruturação da família natural, evitando-se, com isso, o abrigamento por tempo indefinido ou mesmo a adoção, que é medida excepcional.

A fiscalização das entidades compete ao Judiciário, ao Ministério Público e aos Conselhos Tutelares. A esse rol exposto no art. 95 do ECA também podemos inserir a Defensoria Pública, pois, consoante o art. 4º, XI, da Lei Complementar nº 80, é sua função institucional a promoção da defesa dos interesses individuais e coletivos da criança e do adolescente.

Os planos de atendimento devem seguir um planejamento orçamentário, devendo a prestação de contas ser apresentada ao estado ou ao município, conforme a origem das dotações (art. 96 do ECA).

Por derradeiro, o art. 97 do ECA expressa as medidas que podem ser aplicadas às entidades que não cumprem suas obrigações a contento, aplicando seus serviços de forma irregular. As penalidades aplicadas as entidades governamentais são, em parte, diferentes das que podem ser aplicadas às entidades não governamentais. Assim, para facilitar a memorização, veja a seguir um quadrinho contendo as medidas que podem ser aplicadas a cada uma das entidades:

Entidades governamentais	Entidades não governamentais
Advertência	Advertência
Afastamento provisório de seus dirigentes	Suspensão total ou parcial do repasse de verbas públicas
Afastamento definitivo de seus dirigentes	Interdição de unidades ou suspensão de programa
Fechamento de unidade ou interdição de programa	Cassação do registro

3

Da convivência familiar e comunitária

3.1 Do direito à convivência familiar

O direito à convivência familiar encontra-se definido no art. 19 do ECA, podendo ser conceituado como o direito de a criança e o adolescente serem criados e educados no seio de sua família e, excepcionalmente, em família substituta, assegurada a convivência familiar e comunitária, em ambiente que garanta seu desenvolvimento integral.

Dessa feita, de acordo com o Estatuto da Criança e do Adolescente, a regra é a criança ou adolescente ser criado no seio da sua família, devendo a inserção em programa de acolhimento ocorrer de forma excepcional, não podendo ser superior a 18 meses, salvo comprovada necessidade que atenda ao seu superior interesse, devidamente fundamentada pela autoridade judiciária.

Para tanto, toda criança ou adolescente que estiver inserido em programa de acolhimento familiar ou institucional terá sua situação reavaliada, no máximo, a cada 3 meses, devendo

38 Estatuto da Criança e do Adolescente

a autoridade judiciária competente, com base em relatório elaborado por equipe interprofissional ou multidisciplinar, decidir de forma fundamentada pela possibilidade de reintegração familiar ou pela colocação em família substituta (guarda, tutela ou adoção).

Prazo máximo de reavaliação do programa de acolhimento familiar ou institucional	Prazo máximo de inserção em programa de acolhimento
3 meses. *Antes da edição da Lei nº 13.509/2017, este prazo era de 6 meses.	18 meses, salvo comprovada necessidade que atenda ao superior interesse da criança e adolescente. *Antes da edição da Lei nº 13.509/2017, este prazo era de 2 anos.

Diante da importância da convivência familiar, o fato de um dos pais cumprir pena privativa de liberdade não é motivo para perda automática do poder familiar. Nesse sentido, prevê o art. 19, § 4º, do ECA que será garantida a convivência da criança e do adolescente com a mãe ou pai privado de liberdade, por meio de visitas periódicas promovidas pelo responsável ou, nas hipóteses de acolhimento institucional, pela entidade responsável, independentemente de autorização judicial.

Cumpre ainda registrar que o ordenamento jurídico não faz distinção entre os filhos, havidos ou não na constância do casamento, biológicos ou adotados, tendo todos os mesmos direitos e qualificações, inclusive no tocante à convivência familiar e comunitária, conforme disposto no art. 20 do ECA, no art. 1.596 do CC e no art. 227, § 6º, da CF.

Nesse ponto, é interessante mencionar o precedente da 3ª Turma do STJ, no julgamento do REsp 1.624.050/MG, ocorrido em **19.06.2018**. No referido julgado, entendeu-se que, como vigora em nosso ordenamento, o princípio da igualdade entre os filhos, em regra, não deverá haver diferença no valor ou no percentual dos alimentos destinados à prole.

Todavia, esclareceu a Corte que é plenamente possível a fixação de alimentos em valor ou percentual diferente, desde que esteja presente uma das seguintes situações:

■ **1ª situação – Necessidades distintas entre os filhos**

Embora os filhos tenham direito de serem tratados de forma igualitária, é possível que a situação fática revele a necessidade de tratamento desigual, a fim de perfectibilizar o preceito da igualdade material. Imagine, por exemplo, que um homem seja pais de duas crianças, sendo uma clinicamente saudável e outra apresente alguma doença crônica que demande um tratamento médico específico. Nesse caso, seria plenamente possível que a pensão alimentícia da criança que necessita de cuidados especiais fosse um valor maior que o fixado para a criança clinicamente saudável.

■ **2ª situação – Capacidades contributivas diferenciadas dos genitores**

É dever de ambos os cônjuges contribuir para a manutenção dos filhos na proporção de seus recursos, de modo que é razoável que a pensão do filho cujo outro responsável tem boas condições seja arbitrada em valor inferior.

Além da igualdade entre filhos, o ordenamento pátrio veicula que os direitos e deveres referentes à sociedade conjugal são exercidos igualmente pelos responsáveis legais. Nesse contexto, emerge o instituto do poder familiar, que consiste no conjunto de direitos e obrigações, quanto à pessoa e aos bens do filho menor não emancipado, exercido, conjuntamente e em igualdade de condições, por ambos os pais, para que

40 Estatuto da Criança e do Adolescente

possam desempenhar os encargos que a norma jurídica lhes impõe, tendo em vista o interesse e a proteção do filho (DINIZ, 2017, p. 456).

Insta registrar que também aqui se verifica um avanço, haja vista que, no Código Civil de 1916, o *nomen juris* do instituto era "pátrio poder", evidenciando uma superioridade do homem sobre a mulher.

Assim, incumbe aos responsáveis legais, de forma conjunta, o dever de sustento, guarda e educação dos filhos menores, cabendo-lhes ainda, no interesse destes, a obrigação de cumprir e fazer cumprir as determinações judiciais.

A mãe e o pai, ou os responsáveis, têm direitos iguais e deveres e responsabilidades compartilhados no cuidado e na educação da criança, devendo ser resguardado o direito de transmissão familiar de suas crenças e culturas, assegurados os direitos da criança estabelecidos nesta Lei.

3.1.1 Procedimento de entrega do filho para adoção

A Lei n° 13.509/2017 incluiu o art. 19-A no ECA, disciplinando o procedimento a ser adotada para a gestante ou mãe que manifeste interesse em entregar seu filho para adoção, antes ou logo após o nascimento, com o objetivo de diminuir os casos de abandonos clandestinos, que podem culminar, em casos extremos, até com a morte dos recém-nascidos.

Toda mãe ou gestante que manifestar interesse em entregar seu filho para adoção será encaminhada à Justiça da Infância e da Juventude, onde será ouvida pela equipe interprofissional, que apresentará relatório à autoridade judiciária, considerando inclusive os eventuais efeitos do estado gestacional e puerperal.

De posse do relatório, a autoridade judiciária poderá determinar o encaminhamento da gestante ou mãe, mediante sua expressa concordância, à rede pública de saúde e assistência social para atendimento especializado.

Paralelo a isso, deve-se iniciar a busca pela família extensa, a fim de manter a criança sob guarda da sua família biológica. Todavia, essa busca não ultrapassará o prazo máximo de 90 dias, podendo ser prorrogado por igual período.

Na hipótese de não haver a indicação do genitor e de não existir outro representante da família extensa apto a receber a guarda, a autoridade judiciária competente deverá decretar a extinção do poder familiar e determinar a colocação da criança sob a guarda provisória de quem estiver habilitado a adotá-la ou de entidade que desenvolva programa de acolhimento familiar ou institucional.

Após o nascimento da criança, a vontade da mãe ou de ambos os genitores, se houver pai registral ou pai indicado, deve ser manifestada na audiência a que se refere o § 1° do art. 166 do ECA, garantido o sigilo sobre a entrega.

Na hipótese de não comparecerem à audiência nem o genitor nem representante da família extensa para confirmar a intenção de exercer o poder familiar ou a guarda, a autoridade judiciária suspenderá o poder familiar da mãe, e a criança será colocada sob a guarda provisória de quem esteja habilitado a adotá-la. Os detentores da guarda possuem o prazo de 15 dias para propor a ação de adoção, contado do dia seguinte à data do término do estágio de convivência.

Na hipótese de desistência pelos genitores, manifestada em audiência ou perante a equipe interprofissional, da entrega da criança após o nascimento, a criança será mantida com os genitores, e será determinado pela Justiça da

Infância e da Juventude o acompanhamento familiar pelo prazo de 180 dias.

3.1.1.1 Quadro-resumo do procedimento de entrega

> Mãe manifesta interesse de entregar seu filho para adoção.

↓

> Vai ser encaminhada à Justiça da Infância e da Juventude.

↓

> No Juizado da Infância e Juventude, a gestante ou mãe será ouvida por equipe interprofissional, que apresentará relatório ao juiz.

↓

> De posse do relatório, o magistrado poderá determinar o encaminhamento da gestante ou mãe, mediante sua expressa concordância, à rede pública de saúde e assistência social para atendimento especializado.

↓

> Se a mãe indicar quem é o pai da criança, deve-se tentar fazer com que este assuma a guarda e suas responsabilidades como genitor. Se não houver indicação do pai, deve-se buscar a família extensiva para o mesmo fim. A busca pela família extensiva não pode ultrapassar 90 dias, prorrogável por igual período.

↓

> Se não houver pai e família extensa: decreta-se a perda do poder familiar e coloca-se a criança na guarda provisória de quem pretende adotar ou em programa de acolhimento.

↓

> Os detentores da guarda possuem o prazo de 15 dias para propor a ação de adoção, contado do dia seguinte à data do término do estágio de convivência.

3.1.2 Programa de apadrinhamento

O apadrinhamento é um programa afetivo destinado a crianças e adolescentes que vivem em situação de acolhimento ou em famílias acolhedoras, com o escopo de fomentar vínculos afetivos seguros e duradouros entre eles e pessoas da comunidade que se dispõem a ser padrinhos e madrinhas.

Na sua redação originária, o ECA não previa esse programa, sendo regulamentado por meio de atos normativos do Conanda e CNJ. No entanto, a Lei nº 13.509/2017 acrescentou o art. 19-B, estipulando que o apadrinhamento consiste em estabelecer e proporcionar à criança e ao adolescente vínculos externos à instituição para fins de convivência familiar e comunitária e colaboração com o seu desenvolvimento nos aspectos social, moral, físico, cognitivo, educacional e financeiro.

Nos termos do art.19-B, § 4º, o perfil da criança ou do adolescente a ser apadrinhado será definido no âmbito de cada programa de apadrinhamento, com prioridade para crianças ou adolescentes com remota possibilidade de reinserção familiar ou colocação em família adotiva.

Qualquer pessoa maior de 18 anos pode se inscrever nos programas de apadrinhamento, desde que não esteja inscrita nos cadastros de adoção e perfaça os requisitos exigidos pelo programa de apadrinhamento de que deseja participar. Adscreve-se ainda que é plenamente possível que pessoa jurídica participe dos programas de apadrinhamento, colaborando no desenvolvimento financeiro da criança ou adolescente.

Cabe salientar que o padrinho e/ou madrinha não detém a guarda da criança ou adolescente, visto que esta permanece sendo da instituição de acolhimento ou da família acolhedora. Veja o quadro-resumo:

O que é o programa de apadrinhamento?	Consiste em estabelecer e proporcionar à criança e ao adolescente vínculos externos à instituição para fins de convivência familiar e comunitária e colaboração com o seu desenvolvimento nos aspectos social, moral, físico, cognitivo, educacional e financeiro.
Quem pode apadrinhar?	▪ pessoas jurídicas; ▪ pessoas naturais maiores de 18 anos, que não estejam inscritas em cadastro de adoção e perfaçam os demais requisitos exigidos.
O padrinho ou madrinha detém a guarda do apadrinhado?	Não, a guarda permanece sendo da entidade de acolhimento ou família acolhedora.

3.2 Conceito de família

A **família natural** deve ser entendida como a comunidade formada pelos pais ou qualquer deles e seus descendentes. Por sua vez, a **família extensa ou ampliada** é compreendida como aquela que se estende para além da unidade pais e filhos ou da unidade do casal, formada por parentes próximos com os quais a criança ou adolescente convive e mantém vínculos de afinidade e afetividade, a exemplo de um avô, avó, tio, irmão.

Ainda convém citarmos a **família recomposta**, mesmo que não expressa em instrumentos normativos. Caracteriza-se por pais, com filhos de relacionamentos anteriores, que se juntam, em casamento ou união estável. Também chamada de **família mosaico**.

As **famílias compostas por uniões homoafetivas** vêm recebendo cada vez mais amparo jurídico, sendo reconhecidas garantias previdenciárias e sucessórias, bem como o direito à adoção, como se verá ao longo dessa obra.

Outros tipos de classificação de família são: família matrimonial (formada pelo casamento, tanto entre casais heterossexuais quanto homoafetivos); família informal (formada por uma união estável, tanto entre casais heterossexuais quanto homoafetivos); família monoparental (composta por qualquer um dos pais e seus descendentes); família anaparental (família sem pais, formada apenas por irmãos); família unipessoal (família de uma pessoa só – essa classificação tem relevância quando se fala em bem de família); família eudemonista (família afetiva, formada por uma parentalidade socioafetiva). Veja o quadro-resumo:

Família natural	Formada pelos pais e seus descendentes.
Família extensa ou ampliada	Formada por parentes próximos que convivem com a criança e/ou adolescente.
Família recomposta ou mosaico	Formada por pais com filhos de relacionamentos distintos.
Família matrimonial	Formada pelo casamento.
Família informal	Formada pela união estável (convivência).
Família monoparental	Formada por qualquer um dos pais e seus descendentes.
Família anaparental	Formada pelos irmãos sem a presença dos pais.
Família unipessoal	Família de uma pessoa só.
Família eudemonista	Família baseada no parentesco socioafetivo.

Os arts. 26 e 27 do ECA tratam do **reconhecimento de filhos** e **estado de filiação**. Conforme dispõe o art. 26 do ECA, os filhos havidos fora do casamento poderão ser reconhecidos pelos pais, conjunta ou separadamente, no próprio termo de nascimento, por testamento, mediante escritura ou outro documento público, qualquer que seja a origem da filiação.

Quem efetua o reconhecimento de filho não pode modular seus efeitos, sendo ato jurídico irrevogável, salvo na situação em que o pai foi induzido em erro no momento de registrar a criança e tão logo ele tenha sabido da verdade (da traição) ele tenha se afastado do suposto filho, rompendo imediatamente o vínculo afetivo (REsp 1.330.404/RS, Rel. Min. Marco Aurélio Bellizze, j. 05.02.2015).

Na mesma situação em que o pai tem o direito de reconhecer o filho, este tem o direito de ver reconhecido seu vínculo de filiação (**estado de filiação**). Tal reconhecimento é personalíssimo, indisponível e imprescritível, podendo ser exercitado contra os pais ou seus herdeiros, sem qualquer restrição, observado o segredo de Justiça.

Destacamos, por fim, a Súmula nº 149 do STF:

> Súmula nº 149. É imprescritível a ação de investigação de paternidade, mas não o é a de petição de herança.

3.3 Família substituta

Quando há a impossibilidade, mesmo que momentânea, de a criança ou adolescente permanecer junto à família natural, surge a família substituta. De acordo com o ECA, são três as espécies de família substituta, quais sejam: **a) guarda; b) tutela; e c) adoção.**

Não se pode olvidar que a colocação em família substitutiva não ocorre sem qualquer participação da criança ou adolescente. Sempre deve ser concedida **à criança a possibilidade de ser ouvida** por uma equipe profissional, para que possa ter suas opiniões levadas em consideração. Respeita-se seu grau de desenvolvimento e compreensão do assunto. No caso do **adolescente**, a **oitiva é obrigatória**, sendo seu consentimento necessário.

A família a ser buscada deve ser preferencialmente formada por membros que possuam alguma relação de parentesco, afinidade ou afetividade com a criança ou adolescente, de modo a elevar as chances de adaptação no novo lar.

Quando se trata de grupo formado por irmãos, prioritariamente devem ser colocados juntos na mesma família substituta. Quando não for possível, sendo os irmãos separados, deve-se oportunizar o contato frequente.

Em se tratando de crianças ou adolescentes de origem indígena ou quilombola, os órgãos federais de política indigenistas e os antropólogos, no caso dos quilombos, devem participar do procedimento.

Passa-se adiante à análise das espécies de família substitutiva.

3.4 Guarda

Conforme dispõe o próprio Estatuto da Criança e do Adolescente, a guarda é modalidade de colocação em família substituta destinada a regularizar a posse de fato, obrigando o guardião a prestar assistência material, moral e educacional à criança ou ao adolescente, conferindo ao seu detentor o direito de opor-se a terceiro, inclusive aos pais.

É importante registrar que a guarda tem natureza provisória, pois é medida que antecede a devolução da criança e/ou adolescente para o seio da sua família natural ou que vige até que haja o encaminhamento da criança ou adolescente para uma família substituta definitiva. Não se pode olvidar ainda que a guarda **não** implica destituição do poder familiar, visto que transfere a uma família substituta, **de forma provisória**, a obrigação de cuidar da manutenção da integridade física e psíquica da criança e/ou do adolescente.

Sendo assim, a guarda possibilita a regularização jurídica de uma situação já consolidada, que é a posse de fato da criança ou do adolescente. A criança já vive com a pessoa que solicita a guarda, que lhe presta toda a assistência necessária.

A guarda aqui mencionada não é a mesma estabelecida no Direito Civil, que surge quando da separação dos pais. Trata-se de um outro instituto, verdadeira modalidade de colocação em família substituta, podendo até mesmo se opor à vontade dos genitores.

Em regra, a guarda é concedida dentro do contexto de tutela e adoção. Porém, excepcionalmente, pode ser concedida para atender a situações peculiares ou suprir a falta eventual dos pais ou responsável, podendo ser concedido pela autoridade judicial o direito de representação para a prática de atos determinados. Cita-se, como exemplo, a situação em que os pais realizam uma viagem por longo período.

No tocante ao fato de a guarda conceder a criança ou adolescente o direito de dependente, para todos os fins e efeitos de direito, inclusive previdenciário, o STJ definiu que ao menor de idade sob guarda deve ser assegurado o direito ao benefício da pensão por morte, ainda que o falecimento tenha ocorrido após a modificação legislativa promovida pela Lei nº 9.528/1997 na Lei nº 8.213/1991, devendo **o art. 33, § 3º, do ECA prevalecer** sobre a modificação legislativa promovida na lei geral da Previdência Social, em homenagem ao princípio da proteção integral e preferência da criança e do adolescente (art. 227 da CF/1988).

Por fim, impende registrar que, no Informativo nº 661 do STJ, foi divulgado importante precedente (REsp 1.845.146/ES, 4ª T., Rel. Min. Raul Araújo, j. 19.11.2019, *DJe* 29.11.2019), em que restou consignado que a mãe biológica pode se opor à ação de guarda de sua filha, mesmo que já tenha perdido o poder familiar em ação proposta pelo Ministério Público com esse objetivo.

De acordo com o STJ, enquanto não cessado o vínculo de parentesco com o filho, através da adoção, que extingue definitivamente o poder familiar dos pais biológicos, é possível a ação de restituição do poder familiar, a ser proposta pelo legítimo interessado, no caso, os pais destituídos do poder familiar.

Dessa maneira, a mãe biológica, mesmo após destituída do poder familiar, permanece com interesse fático e jurídico sobre a criação e destinação da criança, tendo em vista os laços naturais provenientes do parentesco biológico e a possibilidade de restituir o poder familiar.

3.4.1 Revogabilidade e coisa julgada da sentença de guarda

Segundo estipula o art. 35 do ECA, a guarda poderá ser revogada a qualquer tempo, mediante ato judicial fundamentado, devendo ser precedido da oitiva do Ministério Público. Todavia, cuidado com as pegadinhas de concurso público e OAB. **Essa disposição não implica dizer que a sentença proferida em ação de guarda faz coisa julgada meramente formal.**

A **sentença de guarda faz coisa julgada material**, mas, como versa sobre uma relação jurídica continuada, está sujeita a revisão, desde que alterados os elementos fáticos que ensejaram a sentença de guarda. Portanto, pode-se afirmar que a sentença de guarda é permeada pela cláusula *rebus sic stantibus*.

3.4.2 Compatibilidade da guarda com o direito de visita dos pais

O deferimento da guarda de criança ou adolescente a terceiros não impede o exercício do direito de visitas pelos pais, assim como o dever de prestar alimentos, que serão objeto de regulamentação específica, a pedido do interessado ou do Ministério Público.

O exercício do direito de visitas e o dever de prestar alimentos só estarão impedidos durante a guarda exercida por terceiros se houver expressa e fundamentada determinação em contrário, emanada da autoridade judiciária competente, ou quando a medida for aplicada em preparação para adoção.

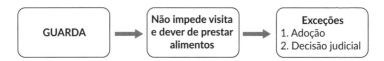

3.4.3 Guarda por avós

Apesar de haver impedimento para a adoção por ascendentes, assunto que será mais bem abordado adiante, a jurisprudência tem reconhecido a possibilidade de deferimento de guarda para avós, o que se coaduna com a preferência de manutenção da pessoa em desenvolvimento com a sua família extensa ou ampliada.

3.4.4 Direito de representação processual

Conforme exposto, diferentemente das demais espécies de família substituta, a guarda não pressupõe a perda ou destituição do poder familiar. Como consequência dessa característica, tem-se que a concessão da guarda de criança ou adolescente a terceiro diverso dos pais não implica automática destituição do poder-dever familiar dos pais para representá-los em juízo.

Sobre o tema, o STJ, no REsp 1.761.274/DF, j. 04.02.2020, aduziu que a representação legal do filho menor de idade, que é uma das vertentes do pleno exercício do poder familiar, deverá ser exercida, em regra, pelos pais, ressalvadas as hipóteses de destituição do poder familiar, quando ausentes ou impossibilitados os pais de representar adequadamente ou quando houver colisão de interesses entre pais e filhos.

Entretanto, o fato de ter sido concedida a guarda permanente a terceiro que não compõe o núcleo familiar não implica automática destituição – ou em injustificada restrição – do exercício do poder familiar pelos pais, sobretudo porque medida dessa espécie necessita de cognição exauriente em ação a ser proposta especificamente para essa finalidade.

3.5 Tutela

A tutela é uma forma de colocação em família substituta que regulariza a posse de fato da criança ou adolescente, bem como confere direito de representação ao tutor, permitindo a administração de bens e interesses do pupilo. Por conta disso, é que **a tutela pressupõe a destituição ou suspensão do poder familiar, sendo esta a principal diferença para a guarda**.

Através da tutela, uma pessoa maior assume o dever de prestar assistência material, moral, e educacional a criança ou adolescente que não esteja sob o poder familiar de seus pais. Abrange também a administração de bens.

Segundo dispõe o art. 36 do ECA, a tutela será deferida a pessoa de até 18 anos incompletos, ou seja, que tenha menos de 18 anos, uma vez que este é o critério etário para se atingir a maioridade civil.

3.5.1 Tutela testamentária

A tutela testamentária pode ser definida como a espécie de tutela instituída por vontade dos pais, em conjunto, valendo-se de um ato de disposição de última vontade (testamento, legado ou codicilo).

O art. 37 do ECA estabelece que aquele que for nomeado tutor, por disposição de última vontade firmada pelos pais do pupilo, deverá, no prazo de 30 dias da morte dos instituidores da tutela, ingressar com pedido judicial de colocação da criança ou adolescente em família substituta.

Essa exigência tem por escopo propiciar o controle judicial do ato, ou seja, permitir que sejam verificados os requisitos e condições que devem ser respeitados para formalização da tutela.

Ainda que se trate de tutela testamentária, o juiz pode indeferi-la, quando restar comprovado que a medida não é a mais vantajosa ao tutelando ou na existência de outra pessoa em melhores condições de assumi-la. Trata-se da aplicação do **princípio de melhor interesse da criança** no âmbito da tutela.

3.6 Adoção

No tocante à adoção, cumpre defini-la como uma forma de colocação em família substituta, que estabelece o parentesco civil entre o adotante e o adotado. É o ato jurídico, que tem por finalidade criar entre duas pessoas relações jurídicas idênticas às que resultam de uma filiação de sangue. O vínculo instituído entre adotante e adotado tem os mesmos efeitos legais que a filiação biológica, tratando-se de uma espécie de **parentesco civil**.

Da convivência familiar e comunitária **53**

A adoção prevista no ECA, em seu art. 39 e seguintes, tem por desiderato agregar de forma total o adotado à família do adotante e, como consequência, ocorre o afastamento em definitivo da família biológica, de maneira irrevogável.

3.6.1 Características da adoção

A adoção é ato jurídico em sentido estrito (para a doutrina majoritária), excepcional e irrevogável, características estas analisadas a seguir:

- **Ato jurídico em sentido estrito:** os efeitos jurídicos da adoção estão previstos na Lei nº 13.509/2017 e no ECA, logo não cabe às partes acordar ou convencionar as condições de adoção.
- **Excepcionalidade:** a regra deve tentar manter a criança ou adolescente no convívio da sua família natural ou extensa. Não sendo possível, deve-se procurar perfectibilizar o instituto da adoção. Em razão disso, fala-se que a adoção é medida de exceção, só devendo ser aplicada excepcionalmente.
- **Irrevogabilidade:** ao ser concluído o procedimento de adoção, uma vez sendo estabelecido o estado de filho entre adotante e adotado, este vínculo não pode ser desfeito.

Importante!

Ao analisar a característica da irrevogabilidade da adoção, o STJ (REsp 1.545.959/SC) admite, conforme a análise do caso concreto à luz do princípio do melhor interesse da criança ou adolescente, que esta característica seja mitigada. Isso porque o escopo teleológico da norma é resguardar a criança ou adolescente, para que este não seja tratado como um mero objeto, que pode facilmente ser trocado no estabelecimento de aquisição. Sendo assim, se a norma proibitiva se revelar contrária aos interesses da criança no caso concreto, é possível que a adoção seja revogada.

3.6.2 Vedações no tocante à adoção

O Estatuto da Criança e do Adolescente, ao longo das disposições sobre a adoção, estabelece algumas vedações no tocante ao instituto da adoção. Para melhor compreensão, vamos abordá-los em subtópicos próprios.

3.6.2.1 Adoção por procuração

Nos termos do art. 39, § 2°, do ECA, é vedada a realização de adoção por meio de procuração. A intenção do legislador com essa proibição foi aferir a real intenção dos interessados, exigindo que a manifestação seja ato **personalíssimo**.

3.6.2.2 Adoção por ascendente e irmão

Segundo dispõe o art. 42, § 1°, do ECA, não podem adotar os ascendentes e os irmãos do adotando. Essa vedação visa evitar inversões e confusões (tumulto) nas relações familiares, em decorrência da alteração dos graus de parentesco, bem como a utilização do instituto com finalidade meramente patrimonial.

Ocorre que o STJ tem entendido que referida proibição pode ser passível de mitigação, a depender do caso concreto, desde que reste evidenciado que se atenderia ao melhor interesse da criança e do adolescente. Para tanto, o REsp 1.587.477/SC, julgado em 10 de março de 2020, fixou as seguintes premissas:

- o pretenso adotando seja menor de idade;
- os pretensos adotantes (avós; irmãos) exerçam, com exclusividade, as funções de mãe e pai do neto desde o seu nascimento;
- a parentalidade socioafetiva tenha sido devidamente atestada por estudo psicossocial;
- o adotando reconheça os adotantes como seus genitores e seu pai (ou sua mãe) como irmão;
- inexista conflito familiar a respeito da adoção;
- não se constate perigo de confusão mental e emocional a ser gerada no adotando;
- não se funde a pretensão de adoção em motivos ilegítimos, a exemplo da predominância de interesses econômicos; e
- a adoção apresente reais vantagens para o adotando.

3.6.2.3 Adoção do tutelado ou curatelado

O ECA estabelece, em seu art. 44, que o tutor ou curador está impedido de adotar a criança ou adolescente, tutelado ou curatelado, enquanto não der conta de sua administração. No entanto, essa vedação é apenas parcial, pois a partir da prestação de contas cessa o impedimento.

3.6.2.4 Idade

Qualquer pessoa, homem ou mulher, maior de 18 anos pode adotar uma criança ou adolescente, independentemente do estado civil, isto é, se solteiro, casado, viúvo ou companheiro em união estável.

Além do pressuposto da maioridade, o ECA também prevê que não é apto a adotar aquele que não for ao menos 16 anos mais velho que o adotando.

No entanto, cabe salientar que o STJ (Informativo n° 658, REsp 178.754/RS) flexibilizou essa disposição legal, afirmando ser possível relativizá-la à luz do princípio da socioafetividade.

Dessa forma, incumbe ao magistrado estudar as particularidades de cada caso concreto a fim de apreciar se a idade entre as partes realiza a proteção do adotando, sendo o limite mínimo legal um norte a ser seguido, mas que permite interpretações à luz do princípio da socioafetividade, bem como do melhor interesse da criança e do adolescente.

Idade mínima do adotante	18 anos
Diferença de idade entre adotante e adotado	16 anos *STJ admite flexibilização à luz do melhor interesse da criança e do adolescente e socioafetividade.

3.6.3 Requisitos para adoção

A perfectibilização do instituto da adoção é algo bastante complexo, sendo um procedimento burocrático, em que precisam ser preenchidos diversos requisitos para a concretização do procedimento. A fim de facilitar o estudo e amparados na doutrina, vamos dividir os requisitos em subjetivos e objetivos.

3.6.3.1 Requisitos subjetivos

Os requisitos subjetivos para a adoção são: **idoneidade do adotante;** *animus* **de adotar; reais vantagens para o adotando**. Veja, a seguir, breves comentários sobre cada um desses requisitos:

■ **Idoneidade do adotante:** é inerente ao instituto da adoção que as pessoas que desejam adotar sejam idôneas para tanto, a fim de propiciar um excelente ambiente familiar ao adotado.

■ *Animus* **de adotar:** deve ser compreendido como a vontade de ter a pessoa em desenvolvimento como filho/filha. Isso porque a adoção não pode ser utilizada para fins escusos, tampouco para satisfazer interesses meramente patrimoniais.

■ **Reais vantagens para o adotando:** previsto no art. 43 do ECA, este requisito deve ser compreendido com a possibilidade efetiva de convivência familiar e estabelecimento de vínculo adequado à formação e ao desenvolvimento da personalidade do adotando. A adoção jamais pode ser pautada em caprichos ou meros desejos superficiais.

3.6.3.2 Requisitos objetivos

Aponta-se como requisitos objetivos para a adoção os seguintes: **idade mínima; consentimento dos pais e do adolescente; precedência de estágio de convivência; prévio cadastramento.**

3.6.3.2.1 Idade

Sobre a idade para adotar, remetemos o leitor ao tópico 3.6.2.4.

3.6.3.2.2 Consentimento dos pais e do adolescente

A adoção depende do consentimento dos pais ou do representante legal do adotando, sendo este dispensado em relação à criança ou adolescente cujos pais sejam desconhecidos ou tenham sido destituídos do poder familiar.

Quando não se está em uma situação em que os pais biológicos do adotado sejam desconhecidos, o elemento volitivo só pode ser suprido caso os pais biológicos sejam destituídos do poder familiar.

Insta consignar que se admite a acumulação do pedido de destituição do poder familiar com o de adoção, situação em que o pedido será apreciado em processo de contencioso, assegurando-se aos pais biológicos o exercício da ampla defesa e do contraditório.

Adscreve-se que o consentimento do adotando adolescente é indispensável, nos termos do art. 45, § 2°, do ECA. Caso o adotando seja criança, quando possível, também deve ser ouvida a sua opinião, ainda que esta não seja determinante. Esse requisito é uma decorrência da doutrina da proteção integral, uma vez que escutar o adotando é uma forma de demonstrar que este é um sujeito de direito, e não um mero objeto de proteção.

3.6.3.2.3 Precedência do estágio de convivência

O estágio de convivência pode ser definido como o período no qual o adotante recebe o adotado, para que convivam durante um certo tempo, a fim de averiguar a viabilidade e adaptação de uma possível estrutura familiar.

Nos termos do art. 46, § 1°, do ECA, o estágio de convivência poderá ser dispensado quando já houver convivência entre adotante e adotado, estando essa situação configurada quando o adotando já esteve em outra modalidade de família substitutiva com o adotante, ou seja, sob sua guarda ou tutela legal, **não autorizando a dispensa do estágio de convivência a mera guarda de fato**.

Quando se está em uma situação de dispensa do estágio de convivência, não significa que a adoção necessariamente será deferida, devendo ser avaliada a conveniência da constituição do vínculo entre adotante e adotado.

No caso de adoção nacional, o período do estágio de convivência será fixado pelo **prazo máximo de 90 dias,** ao passo que, na adoção internacional, o ECA é taxativo em exigir um **prazo mínimo de 30 dias,** a ser cumprido no território nacional e, após a Lei n° 13.509/2017, passou a prever um **prazo máximo de 45 dias,** podendo ser prorrogável por igual período, desde que devidamente fundamentado.

Espécie de adoção	Prazo estágio de convivência
Adoção nacional.	Prazo máximo de 90 dias, prorrogável por igual período.
Adoção internacional (adoção promovida por pessoas que não residem no Brasil).	Mínimo de 30 dias e máximo de 45 dias, podendo ser prorrogado.

3.6.3.2.4 Prévio cadastramento

Em regra, para uma pessoa se apresentar na condição de adotante, é necessário que realize um prévio cadastramento, ocasião em que já iniciará a preparação do postulante para assumir a condição de uma família substituta.

Durante o período de estágio de convivência, é realizado um período de preparação psicossocial e jurídica pela equipe técnica da Justiça da Infância e da Juventude, preferencialmente com o apoio dos técnicos responsáveis pela execução da política municipal de garantia do direito à convivência familiar.

Especial atenção deve ser destinada ao § 13 do art. 50 do ECA, visto que trata das hipóteses de dispensa de prévio cadastramento para adoção, por entender ser desnecessário e inócuo. São as seguintes situações:

a) **Pedido de adoção unilateral**, sendo esta a que pressupõe o rompimento do vínculo de filiação com apenas um dos pais biológicos. Exemplo clássico: mãe contrai novo relacionamento, desejando seu novo par afetivo adotar seu filho.

60 Estatuto da Criança e do Adolescente

b) **Pedido de adoção formulado por membro da família extensiva ou ampliada**, ou seja, por parente com o qual a criança ou adolescente mantenha vínculos de afinidade e afetividade.

c) Pedido oriundo de quem **detém a tutela ou guarda legal de criança maior de 3 anos ou adolescente,** desde que o lapso de tempo de convivência comprove a fixação de laços de afinidade e afetividade, e não seja constatada a ocorrência de má-fé ou qualquer das situações previstas nos arts. 237 (subtração da criança ou do adolescente para colocação em lar substituto) ou 238 (promessa ou efetivação da entrega de filho ou pupilo a terceiro, mediante paga ou recompensa).

3.6.4 Adoção internacional

O conceito de adoção internacional está no art. 51 do ECA, sendo esta caracterizada como a modalidade de adoção em que o **domicílio** dos adotantes é fora do Brasil. Não interessa, para fins de classificação em adoção nacional/internacional, a nacionalidade dos pretensos pais.

Deve-se, todavia, fazer uma ponderação, a nacionalidade dos adotantes não é de todo irrelevante, pois, consoante o § 2° do art. 51 do ECA, os brasileiros residentes no exterior terão preferência aos estrangeiros, nos casos de adoção internacional de criança ou adolescente brasileiro.

A adoção internacional é subsidiária, devendo a preferência ser da adoção nacional, a fim de manter os vínculos nacionais do adotado. Nos termos do art. 51, § 1°, a adoção internacional deverá ocorrer quando restar demonstrado que:

a) A **colocação em família adotiva** é a solução **adequada** ao caso concreto.

b) Foram **esgotadas todas as possibilidades de colocação da criança ou adolescente em família adotiva brasileira**, com a comprovação, certificada nos autos, da inexistência de adotantes habilitados residentes no Brasil com perfil compatível com a criança ou adolescente.

c) Em se tratando de **adoção de adolescente**, este foi consultado, por meios adequados ao seu estágio de desenvolvimento, e que se encontra preparado para a medida, mediante **parecer elaborado por equipe interprofissional**, que contará com a participação do adolescente.

3.6.5 Adoção à brasileira

A adoção à brasileira pode ser conceituada como a situação em que há o reconhecimento voluntário da filiação, de modo que alguém registra uma criança como se fosse seu filho, configurando crime de registro de filho alheio como próprio, previsto no art. 242 do Código Penal.

Apesar de ser uma conduta criminosa, não se pode deixar de reconhecer a adoção à brasileira como uma espécie de filiação socioafetiva, embora, na grande maioria das vezes, seja constituída antes mesmo da existência do vínculo afetivo.

O fato de ser crime não exonera de deveres e efeitos jurídicos próprios da filiação socioafetiva, não sendo possível pleitear a desconstituição da paternidade sob tal fundamento. Os direitos decorrentes da adoção à brasileira são próprios da posse do estado de filho, que foi constituída por vontade própria do pai registral e socioafetivo, pois sabia que não era seu filho, mas, mesmo assim, quis registrar como se o fosse.

Por conta disso, a jurisprudência do STJ não tem admitido pedidos de anulação do registro civil, que foram realizados com base na adoção à brasileira, uma vez que deve prevalecer a filiação socioafetiva e o melhor interesse da criança (REsp 1.000.356/SP).

Ocorre que a própria jurisprudência do STJ (REsp 1.167.993/RS) reconhece que, se o adotado à brasileira deseja recuperar o seu verdadeiro estado de filiação, não há como lhe negar tal direito, não podendo se falar que a filiação socioafetiva sempre preponderará sobre a biológica.

De forma resumida, pode-se dizer que, em regra, os pedidos de anulação de registro que foram realizados com base na adoção à brasileira, quando formulados por pessoa diversa do adotado, não devem prosperar, uma vez que deve prevalecer a filiação socioafetiva e o melhor interesse da criança. No entanto, caso o próprio adotado deseje desconstituir o vínculo oriundo da adoção à brasileira, o registro deve ser anulado e reconstituído o vínculo biológico.

3.6.6 Procedimento para adotar

É atribuição do juizado da infância e juventude de cada comarca manter um banco de dados contendo as crianças e adolescentes que estão em condições de serem adotados e as pessoas que estão interessadas em adotar.

Para se habilitarem ao processo de adoção, as pessoas interessadas em adotar deverão apresentar petição inicial ao juiz na qual constarão os seguintes dados:

- qualificação completa;
- dados familiares;
- cópias autenticadas de certidão de nascimento ou casamento, ou declaração relativa ao período de união estável;
- cópias da cédula de identidade e do CPF;
- comprovante de renda e domicílio;

- atestados de sanidade física e mental;
- certidão de antecedentes criminais;
- certidão negativa de distribuição cível.

Vale ressaltar que, quando o interessado se inscreve, ele informa o perfil da criança ou do adolescente que deseja adotar (idade, cor da pele, sexo, condições de saúde etc.).

Depois disso, o postulante se submeterá a um procedimento de habilitação no qual são exigidas diversas formalidades do interessado, inclusive a sua participação em um programa oferecido pela Justiça da Infância e da Juventude, com cursos, palestras e entrevistas. Ao final de todo o procedimento, haverá um parecer do Ministério Público e a decisão do juiz deferindo ou não a habilitação do interessado.

É obrigatória a participação dos postulantes em programa oferecido pela Justiça da Infância e da Juventude, preferencialmente com apoio dos técnicos responsáveis pela execução da política municipal de garantia do direito à convivência familiar e dos grupos de apoio à adoção devidamente habilitados perante a Justiça da Infância e da Juventude, que inclua preparação psicológica, orientação e estímulo à adoção interracial, de crianças ou de adolescentes com deficiência, com doenças crônicas ou com necessidades específicas de saúde, e de grupos de irmãos (art. 197-C, § 1º).

Sempre que possível e recomendável, esta etapa obrigatória da preparação incluirá o contato com crianças e adolescentes em regime de acolhimento familiar ou institucional, a ser realizado sob orientação, supervisão e avaliação da equipe técnica da Justiça da Infância e da Juventude e dos grupos de apoio à adoção, com apoio dos técnicos responsáveis pelo programa de acolhimento familiar e institucional e pela execução da política municipal de garantia do direito à convivência familiar (art. 197-C, § 2°).

De acordo com o § 3° do art. 197-C do ECA, é recomendável que as crianças e os adolescentes acolhidos institucionalmente ou por família acolhedora sejam preparados por equipe interprofissional antes da inclusão em família adotiva.

Deferida a habilitação, o postulante será inscrito no cadastro de interessados na adoção e a sua convocação para a adoção é feita de acordo com ordem cronológica de habilitação e conforme a disponibilidade de crianças ou adolescentes aptas à adoção.

A ordem cronológica das habilitações somente poderá deixar de ser observada pela autoridade judiciária nas hipóteses previstas no § 13 do art. 50 do ECA, ou em situações excepcionais, como já afirmado pelo STJ, quando comprovado ser essa a melhor solução no interesse do adotando.

A habilitação à adoção deverá ser renovada no mínimo trienalmente mediante avaliação por equipe interprofissional (novo § 2° do art. 197-E). Quando o adotante se candidatar a uma nova adoção, será dispensável a renovação da habilitação, bastando a avaliação por equipe interprofissional (§ 3° do art. 197-E).

Atenção!

De acordo com o § 4° do art. 197-E do ECA, após 3 recusas injustificadas, pelo habilitado, à adoção de crianças ou adolescentes indicados dentro do perfil escolhido, haverá reavaliação da habilitação concedida.

Segundo o § 5° do art. 197-E do ECA, a desistência do pretendente em relação à guarda para fins de adoção ou a devolução da criança ou do adolescente depois do trânsito em julgado da sentença de adoção importará na sua exclusão dos cadastros de adoção e na vedação de renovação da habilitação, salvo decisão judicial fundamentada, sem prejuízo das demais sanções previstas na legislação vigente.

Além disso, segundo o art. 197-F, incluído pela Lei nº 13.509/2017, o prazo máximo para **conclusão da habilitação à adoção será de 120 dias**, prorrogável por igual período, mediante decisão fundamentada da autoridade judiciária.

Em suma, devem ser seguidos os seguintes passos para adoção:

- requerimento de inscrição na Vara de Infância de sua cidade;
- realizar curso ou entrevistas e visitas de preparação e avaliação psicossocial e jurídica;
- a avaliação é encaminhada ao Juízo da Vara de Infância, que poderá dar sentença favorável, assim os candidatos serão inscritos no cadastro;
- a Vara de infância irá avisar o candidato inscrito quando uma criança estiver apta à adoção;
- o(s) candidato(s) conhecerá(ão) a criança;
- a criança será ouvida sobre sua vontade de continuar com o processo;
- estágio de convivência monitorada: visitas no abrigo e pequenos passeios;
- ajuizar a ação de adoção;
- concessão da guarda provisória;
- instrução processual e sentença.

Por fim, se a sentença for favorável, será realizado um novo registro de nascimento, já com o sobrenome da nova família, podendo o prenome da criança ou adolescente ser alterado.

3.7 Procedimento de perda ou suspensão do poder familiar

O poder familiar consiste em uma série de direitos e deveres dirigidos aos pais para o trato com os filhos menores. Em caso de eventual negligência dos pais em relação a esse dever, a consequência pode ser a perda ou a suspensão do poder familiar.

Cumpre expor que, por ser uma medida extrema, a decretação de perda ou suspensão do poder familiar depende de autorização judicial, devendo ser aplicada apenas em último caso, sempre levando em consideração o melhor interesse da criança.

A suspensão do poder familiar consiste na restrição do exercício da função dos pais, que, como dito, deve ser fixada por decisão judicial. A manutenção da medida deve durar enquanto for interessante à criança ou ao adolescente.

A suspensão do poder familiar é medida prevista no art. 1.637 do Código Civil, dispondo este que "se o pai, ou a mãe, abusar de sua autoridade, faltando aos deveres a eles inerentes ou arruinando os bens dos filhos, cabe ao juiz, requerendo algum parente, ou o Ministério Público, adotar a medida que lhe pareça reclamada pela segurança do menor e seus haveres, até suspendendo o poder familiar, quando convenha".

A suspensão do poder familiar pode ser decretada em relação a um único filho ou a todos os filhos de um casal, a depender do caso concreto. Contudo, a suspensão não é medida irrevogável, razão pela qual pode ser revista e modificada pelo juiz quando cessadas as circunstâncias que a provocaram.

Cita-se, como exemplo, o caso do pai que permite que o filho exerça atividade que coloque em risco a sua saúde.

A perda do poder familiar é espécie mais grave de destituição do poder familiar que, assim como a suspensão, só pode ser determinada por meio de decisão judicial, respeitado o direito ao contraditório, conforme dispõe o art. 24 do ECA.

Nos termos do art. 1.638 do Código Civil, são fatos que podem ensejar a perda do poder familiar:

> I – castigar imoderadamente o filho;
>
> II – deixar o filho em abandono;
>
> III – praticar atos contrários à moral e aos bons costumes;
>
> IV – incidir, reiteradamente, nas faltas previstas no art. 1.637 do Código Civil.
>
> V – entregar de forma irregular o filho a terceiros para fins de adoção.

Em regra, a condenação criminal dos genitores da criança ou adolescente não implica, necessariamente, a perda do poder familiar. Esta, por outro lado, ocorre quando o fato delituoso é praticado dolosamente em face do filho, nos termos do § 2° do art. 23 do ECA e art. 1.638, parágrafo único, II, do Código Civil.

Também enseja a perda do poder familiar, nos termos do art. 1.638, parágrafo único, I, do Código Civil, a prática contra outrem igualmente titular do mesmo poder familiar:

- homicídio, feminicídio ou lesão corporal de natureza grave ou seguida de morte, quando se tratar de crime doloso envolvendo violência doméstica e familiar ou menosprezo ou discriminação à condição de mulher;
- estupro ou outro crime contra a dignidade sexual sujeito à pena de reclusão.

Atenção!

O art. 23 do ECA prevê que a **falta ou a carência de recursos** materiais não constitui motivo suficiente para a perda ou a suspensão do poder familiar. Igualmente, a presença de deficiência, transtorno mental ou outras doenças dos pais ou responsáveis também não deve, por si só, impedir o convívio familiar ou provocar o acolhimento dos filhos em instituições, desde que reste comprovado que o menor não se encontra em situação precária ou de abandono.

Feito esse pequeno preâmbulo sobre as situações de perda e suspensão do poder familiar, passa-se ao estudo do seu procedimento.

3.7.1 Legitimidade ativa

A legitimidade ativa para propor a ação de perda e de suspensão do poder familiar é a mesma e cabe ao Ministério Público ou a quem tenha legítimo interesse.

Conforme já entendeu o Superior Tribunal de Justiça, por meio da sua 4ª Turma, a legislação não define quem, em tese, possui o legítimo interesse para pleitear a medida, sendo possível, de acordo com o caso concreto, permitir que pessoa que não tenha vínculo familiar ou de parentesco com a criança possa pedir a destituição do poder familiar.

Se o pedido de perda ou suspensão não for contestado pelo réu, embora este tenha sido devidamente citado, o Ministério Público terá a vista dos autos do processo por 5 dias, ainda que não seja o requerente.

Note que o Ministério Público, quando não for o requerente da ação de perda ou suspensão do poder familiar, deve atuar como fiscal da lei, tendo em vista que a ação trata de interesse indisponível.

Em caso de a criança ou o adolescente estar vivendo em situação de risco, o art. 101 do ECA prevê algumas medidas que podem ser tomadas: **são as denominadas medidas protetivas,** objeto de estudo do Capítulo 5.

Comumente, a situação de risco é causada pela ação ou omissão dos pais, podendo o juiz, nesses casos, determinar que a criança ou o adolescente seja acolhido em entidade de acolhimento institucional ou inserido em programa de acolhimento familiar.

Imediatamente após o acolhimento da criança ou do adolescente, a entidade responsável pelo programa de acolhimento institucional ou familiar elaborará um plano individual de atendimento, visando à reintegração familiar, ressalvada a existência de ordem escrita e fundamentada em contrário de autoridade judiciária competente, caso em que também deverá contemplar sua colocação em família substituta, nos moldes do art. 101, § 4º, do ECA.

O parágrafo seguinte do mencionado dispositivo acrescenta que o plano individual será elaborado sob a responsabilidade da equipe técnica do respectivo programa de atendimento e levará em consideração a opinião da criança ou do adolescente e a oitiva dos pais ou do responsável (§ 5º).

Se for constatada a impossibilidade de reintegração da criança ou do adolescente à família de origem, os técnicos deverão encaminhar relatório fundamentado ao Ministério Público, recomendando a destituição do poder familiar ou destituição de tutela ou guarda.

Recebido o relatório, o Ministério Público terá 15 dias para analisar o caso, podendo adotar as seguintes medidas:

- ajuizar ação de destituição do poder familiar; ou
- requisitar a realização de estudos complementares ou outras providências que entender indispensáveis ao ajuizamento da demanda.

3.7.2 Petição inicial

A petição inicial da ação de perda ou suspensão do poder familiar deve indicar:

- a autoridade judiciária a que for dirigida;
- o nome, o estado civil, a profissão e a residência do requerente e do requerido, dispensada a qualificação em se tratando de pedido formulado por representante do Ministério Público;
- a exposição sumária do fato e o pedido;
- as provas que serão produzidas, oferecendo, desde logo, o rol de testemunhas e documentos.

Se for necessário, pode a autoridade judiciária requisitar de qualquer repartição ou órgão público a apresentação de documento que interesse à causa, de ofício ou a requerimento das partes ou do Ministério Público.

É também atribuição da autoridade judiciária, de ofício ou a requerimento das partes ou do Ministério Público, determinar a realização de estudo social ou perícia por equipe interprofissional ou multidisciplinar, bem como a oitiva de testemunhas que comprovem a presença de uma das causas de suspensão ou destituição do poder familiar.

Atenção!

Se os pais da criança ou adolescente são integrantes de comunidades indígenas, é obrigatória a intervenção, junto à equipe profissional ou multidisciplinar, de representantes do órgão federal responsável pela política indigenista – também foi uma novidade trazida pela Lei nº 13.509/2017.

Lembrando que deve ser resguardado o direito à ampla defesa e ao contraditório, razão pela qual é obrigatória a oitiva dos pais sempre que esses forem identificados e estiverem em local conhecido.

Se o réu apresentar resposta ao pedido de perda ou suspensão do poder familiar, deve o juiz dar vista dos autos ao Ministério Público, pelo prazo 5 dias, para que elabore parecer.

Mas, no caso de o Ministério Público ser o próprio requerente da ação, pode o juiz designar, desde logo, audiência de instrução e julgamento do feito.

3.7.3 Concessão de liminar

Caso exista um motivo grave, pode o juiz, ouvido o Ministério Público, decretar a suspensão do poder familiar, liminar ou incidentalmente, até o julgamento definitivo da causa. Nessa hipótese, a criança ou adolescente fica confiado a pessoa idônea, mediante termo de responsabilidade.

3.7.4 Citação e defesa do réu

O requerido será citado e deverá oferecer resposta nos autos do processo no prazo de 10 dias, indicando as provas a serem produzidas, o rol de testemunhas e documentos.

Conforme dispõe o art. 159 do ECA, o requerido obrigatoriamente deve ser assistido no processo por um advogado ou um defensor público (defesa técnica). Se o requerido não puder constituir advogado, sem prejuízo do próprio sustento e de sua família, poderá requerer, em cartório, que lhe seja nomeado um defensor dativo ou, então, mais corretamente, o juiz deverá remeter os autos à Defensoria Pública para que esta lhe preste assistência jurídica. O defensor deve apresentar resposta nos autos do processo, caso em que o prazo somente começa a contar a partir da intimação do despacho de nomeação.

Antes da promulgação da Lei nº 13.509/2017, que alterou diversos dispositivos do ECA, não havia previsão expressa a respeito da citação por hora certa e/ou por edital na ação de perda ou suspensão do poder familiar. Apesar disso, a doutrina e a jurisprudência já admitiam a possibilidade de citação por hora certa e/ou por edital nas ações de suspensão e perda do poder familiar.

3.7.5 Instrução e sentença

Recebida a petição inicial, o juiz deve determinar, concomitantemente ao despacho de citação, a realização de estudo social ou perícia por equipe interprofissional ou multidisciplinar para comprovar a presença de uma das causas de suspensão ou destituição do poder familiar, caso ainda não tenha sido realizado, e independentemente de requerimento do interessado.

Devem estar presentes na audiência de instrução do feito as partes e o Ministério Público. Este é o momento em que serão ouvidas as testemunhas. O parecer técnico poderá ser colhido oralmente, salvo quando apresentado por escrito.

A seguir manifesta-se o requerente, o requerido e o Ministério Público, que oferece parecer oral. Cada um dos presentes dispõe de 20 minutos para fala, tempo este que pode ser prorrogado por mais 10.

A decisão será proferida na audiência, podendo a autoridade judiciária, excepcionalmente, designar data para sua leitura no prazo máximo de 5 dias.

Atenção!

O prazo máximo para conclusão do procedimento será de 120 dias.

A sentença que decretar a perda ou a suspensão do poder familiar será averbada à margem do registro de nascimento da criança ou do adolescente.

De acordo com o § 4º do art. 162 do ECA, quando o procedimento de destituição de poder familiar for iniciado pelo Ministério Público, não haverá necessidade de nomeação de curador especial em favor da criança ou adolescente.

4

Da prevenção

4.1 Prevenção

O tema prevenção, consectário da doutrina da proteção integral, está contido no Título III do ECA, nos arts. 70 a 85 do Estatuto, estando intimamente ligado aos direitos e garantias fundamentais infantojuvenis.

O art. 70 do ECA elenca que é dever de todos prevenir a ocorrência de ameaça ou violação dos direitos da criança e do adolescente. Isto é, não se trata de dever imposto apenas ao Estado, mas também a toda a sociedade.

O art. 70-A, por sua vez, impõe algumas condutas a ser adotadas pelos entes federados, a fim de coibir qualquer forma de lesão aos direitos da criança e adolescente, mormente a utilização de castigo físico ou tratamento cruel ou degradante. Dessa forma, estabelece o supracitado artigo como principais ações a serem adotadas:

■ A promoção de campanhas educativas permanentes para a divulgação do direito da criança e do adolescente de serem educados e cuidados sem o uso de castigo físico ou de tratamento cruel ou degradante e dos instrumentos de proteção aos direitos humanos.

- A integração com os órgãos do Poder Judiciário, do Ministério Público e da Defensoria Pública, com o Conselho Tutelar, com os Conselhos de Direitos da Criança e do Adolescente e com as entidades não governamentais que atuam na promoção, proteção e defesa dos direitos da criança e do adolescente.

- A formação continuada e a capacitação dos profissionais de saúde, educação e assistência social e dos demais agentes que atuam na promoção, proteção e defesa dos direitos da criança e do adolescente para o desenvolvimento das competências necessárias à prevenção, à identificação de evidências, ao diagnóstico e ao enfrentamento de todas as formas de violência contra a criança e o adolescente.

- O apoio e o incentivo às práticas de resolução pacífica de conflitos que envolvam violência contra a criança e o adolescente.

- A inclusão, nas políticas públicas, de ações que visem garantir os direitos da criança e do adolescente, desde a atenção pré-natal, e de atividades junto aos pais e responsáveis com o objetivo de promover a informação, a reflexão, o debate e a orientação sobre alternativas ao uso de castigo físico ou de tratamento cruel ou degradante no processo educativo.

- A promoção de espaços intersetoriais locais para a articulação de ações e a elaboração de planos de atuação conjunta focados nas famílias em situação de violência, com participação de profissionais de saúde, de assistência social e de educação e de órgãos de promoção, proteção e defesa dos direitos da criança e do adolescente.

Apesar do objetivo do legislador de tentar conceder maior eficácia a proteção dos direitos da criança e do adolescente, as ações acima listadas assumem verdadeira **natureza jurídica de normas programáticas.**

Dando continuidade às disposições gerais sobre a prevenção, o art. 70-B estabelece que as entidades públicas e privadas que atuam nas áreas mencionadas no art. 71, como cultura, lazer, esportes, diversões e espetáculos, devem possuir pessoas capacitadas em seu quadro pessoal de funcionários para lidar permanentemente com esses tipos de ameaças ou suspeitas de violação à integridade física, moral e psicológica de crianças e adolescentes.

Esse dispositivo inova ao impor uma responsabilidade específica às pessoas que trabalham em segmentos voltados ao atendimento do público infantojuvenil (não só os que atuam diretamente com as entidades de atendimento), na medida em que devem estar aptas a reconhecer abusos e maus tratos que porventura uma criança ou um adolescente esteja sofrendo, sob pena de responsabilização da pessoa física ou jurídica, nos termos da lei (art. 73 do ECA).

Do art. 74 em diante, o ECA passa a dispor da prevenção especial, que pode ser dividida em três grupos ao longo dos 15 artigos destinados ao seu estudo:

a) prevenção referente à informação, cultura, lazer, esportes, diversões e espetáculos – arts. 74 a 80;

b) prevenção referente aos produtos e serviços – arts. 81 e 82;

c) prevenção referente à autorização para viajar – arts. 83 a 85.

4.2 Prevenção referente à informação, cultura, lazer, esportes, diversões e espetáculos

A condição de pessoa em desenvolvimento da criança e do adolescente está interligada à doutrina da proteção integral.

É cediço que a criança passa por diversas fases de maturidade ao longo do seu desenvolvimento. Sendo assim, cabe ao Poder Público, como um dos responsáveis pela promoção dessa proteção integral, regulamentar o acesso das crianças e adolescentes a diversões e espetáculos diversos.

Compete ao Poder Público qualificar a natureza dos eventos de entretenimento, bem como a faixa etária, os locais e horários de exibição. Não se trata de uma forma de censura, ao contrário, o escopo é buscar uma compatibilização de tais eventos com as peculiaridades do desenvolvimento das crianças e adolescentes.

O ECA, como a maior parte da legislação contemporânea, não se satisfaz com a simples tarefa de indicar os meios legais para que se reparem os danos causados a este ou aquele bem jurídico. O legislador, antes de tudo, quer prevenir a ocorrência de lesão aos direitos que assegurou. Foi com intuito de criar especial prevenção à criança e ao adolescente que o legislador impôs ao Poder Público o dever de regular as diversões e espetáculos públicos, classificando-os por faixas etárias (art. 74 do ECA).

O art. 75 do ECA estabelece que toda criança ou adolescente terá acesso às diversões e espetáculos públicos classificados como adequados à sua faixa etária. No entanto, as crianças menores de 10 anos somente poderão ingressar e permanecer nos locais de apresentação ou exibição quando acompanhadas dos pais ou responsável.

Há ainda o dever de as emissoras de rádio e televisão exibirem, no horário recomendado para o público infantojuvenil, programas com finalidade educativa, artística, cultural e informativa. Além disso, nenhum programa pode ser exibido sem a indicação da classificação adequada (art. 76 do ECA).

Da prevenção **79**

No tocante às revistas e periódicos escritos, quando contiverem material impróprio ao acesso de criança ou adolescente, deverão impedir que a pessoa em desenvolvimento tenha acesso a tais conteúdos, devendo ser comercializados em embalagens lacradas e contendo advertência do seu conteúdo. Por sua vez, caso se trate de revista ou periódico destinado à criança ou adolescente, é vedada a publicidade de bebidas alcoólicas, tabaco, armas e munições.

4.3 Prevenção à venda de produtos e serviços

No art. 81 do ECA está previsto um rol de itens, produtos e serviços que não podem ser comercializados a crianças e adolescentes. Podemos citar, como exemplo, a venda de bebidas alcoólicas e armas de fogo.

Veda-se, inclusive, a comercialização de alguns tipos de mercadorias que, em primeira análise, podem não apresentar caráter nocivo ou perigoso à integridade de crianças e adolescentes, mas são extremamente prejudiciais e contraindicados ao público infantil. A proibição da venda de bilhetes lotéricos é um exemplo disso, tendo por objetivo afastar a pessoa em desenvolvimento do vício em jogos de azar.

Proíbe-se também a venda de produtos que possam causar dependência física ou psíquica às crianças e adolescentes, como a cola de sapateiro e o cigarro. A comercialização desses produtos a crianças e adolescentes pode caracterizar crime. Veja, a seguir, a lista de todos os produtos vedados de ser comercializados a criança ou adolescente:

- armas, munições e explosivos;
- bebidas alcoólicas;

80 Estatuto da Criança e do Adolescente

- produtos cujos componentes possam causar dependência física ou psíquica, ainda que por utilização indevida;
- fogos de estampido e de artifício, exceto aqueles que pelo seu reduzido potencial sejam incapazes de provocar qualquer dano físico em caso de utilização indevida;
- revistas e publicações com conteúdos inadequados para a criança ou adolescente;
- bilhetes lotéricos e equivalentes.

No art. 82 do ECA temos uma proibição geral que veda a estadia de crianças e adolescentes em hotel, motel, pensão ou qualquer outro estabelecimento congênere, quando não autorizado pelos pais. Tal dispositivo busca combater a prostituição infantil e a exploração sexual. Ainda que não haja a exploração sexual, o estabelecimento que hospeda menor de 18 anos sem anuência dos pais comete infração administrativa, conforme o art. 250 do ECA.

4.4 Prevenção referente à autorização para viajar

A prevenção especial referente à autorização para viajar tem por escopo prevenir o tráfico de crianças e o afastamento da pessoa em desenvolvimento do seio familiar.

Inicialmente, o ECA dispõe sobre as **viagens de cunho nacional**, estipulando que nenhuma criança ou adolescente menor de 16 anos poderá viajar para fora da comarca onde reside desacompanhado dos pais ou dos responsáveis sem expressa autorização judicial. No entanto, esta regra apresenta algumas exceções, quais sejam:

a) tratar-se de **comarca contígua** à da residência da criança ou do adolescente menor de 16 anos, se na mesma unidade da Federação, ou incluída **na mesma região metropolitana; ou**

b) a criança ou o adolescente menor de 16 anos **estiver acompanhado:**

- **de ascendente ou colateral maior, até o terceiro grau**, comprovado documentalmente o parentesco; ou
- de **pessoa maior, expressamente autorizada** pelo pai, mãe ou responsável.

No âmbito da **viagem internacional**, as exceções para a exigência de autorização judicial para viajar acaba sendo mais rígida, haja vista a maior vulnerabilidade com que a pessoa em desenvolvimento estará inserida em outro país. Sendo assim, nos termos do art. 84 do ECA, a autorização judicial somente será dispensável:

a) quando a criança ou adolescente **estiver acompanhado** de **ambos os pais** ou **responsáveis; ou**

b) viajar **na companhia de um dos pais, autorizado** expressamente **pelo outro** através de documento com firma reconhecida.

O ECA, no seu art. 85, ainda estipula que, sem prévia e expressa autorização judicial, nenhuma criança ou adolescente nascido em território nacional poderá sair do País em companhia de estrangeiro residente ou domiciliado no exterior.

No entanto, sempre que o tema for viagem internacional de criança ou adolescente, é preciso fazer um estudo conjunto do ECA com a Resolução nº 131 do CNJ, que regulamenta a autorização de viagem e tem como objetivo uniformizar as exigências das autoridades públicas para viagens de crianças e adolescentes ao exterior.

Isso porque a citada resolução traz mais uma hipótese em que não é necessária autorização judicial para a criança ou adolescente viajar para o exterior, consistente na possibilidade de a pessoa em desenvolvimento viajar desacompanhada ou em companhia de terceiros maiores e capazes, designados pelos genitores, desde que haja autorização de ambos os pais, com firma reconhecida. Pela importância, transcreve-se o art. 1º da citada resolução:

> Art. 1º É dispensável autorização judicial para que crianças ou adolescentes brasileiros residentes no Brasil viajem ao exterior, nas seguintes situações:
>
> I – em companhia de ambos os genitores;
>
> II – em companhia de um dos genitores, desde que haja autorização do outro, com firma reconhecida;
>
> III – desacompanhado ou em companhia de terceiros maiores e capazes, designados pelos genitores, desde que haja autorização de ambos os pais, com firma reconhecida. [**Essa hipótese não consta no ECA.**]

Assim, em eventuais provas de concurso ou OAB, é necessário ficar atento ao enunciado da questão, a fim de aferir se o examinador deseja a resposta conforme as disposições do ECA ou se deseja que haja essa interlocução entre o ECA e a resolução do CNJ.

Demais disso, é importante fazer uma observação com relação às hipóteses que exigem firma reconhecida dos pais. A Lei nº 13.726, de 8 de outubro de 2018, chamada **Lei da Desburocratização**, que foi editada com o intuito de racionalizar (simplificar) atos e procedimentos administrativos dos Poderes da União, dos estados, do Distrito Federal e dos municípios, prevê, no seu art. 3º, VI, que é **dispensada** a exigência de apresentação de **autorização com firma reconhecida** para viagem de menor se **os pais estiverem presentes no embarque.**

Isso significa que, no caso de viagem internacional, nas situações em que o ECA e a Resolução nº 131 do CNJ exigem firma reconhecida, **se ambos os pais estiverem presentes no embarque**, essa exigência deve ser considerada como não escrita, em virtude da Lei da Desburocratização.

Como forma de sistematizar o estudo, observe o quadro a seguir:

Viagem nacional	Viagem internacional
Regra: criança ou adolescente até 16 anos necessita de autorização judicial ou estar acompanhado dos pais/responsáveis.	**Regra:** criança ou adolescente necessita de autorização judicial.
Exceção 1: tratar-se de comarca contínua ou na mesma região metropolitana.	**Exceção 1:** estiver acompanhado de ambos os pais ou responsáveis
Exceção 2: estiver acompanhado de ascendente ou colateral maior, até o terceiro grau.	**Exceção 2:** estiver acompanhado de um dos pais com expressa autorização do outro com firma reconhecida. * **A Lei da Desburocratização DISPENSA firma reconhecida se o outro responsável legal estiver no momento do embarque.**
Exceção 3: estiver acompanhado de pessoa maior, expressamente autorizada pelo pai, mãe ou responsável.	**Exceção 3 (Resolução nº 131 CNJ):** estiver desacompanhado ou com terceiro maior e capaz, desde que haja expressa autorização de ambos os pais com firma reconhecida. * **A Lei da Desburocratização DISPENSA firma reconhecida se ambos os pais estiverem no momento do embarque.**

5

Medidas de proteção

5.1 Conceito de medidas de proteção

As medidas de proteção podem ser definidas como medidas aplicadas sempre que os direitos defendidos pelo ECA forem ameaçados ou violados, seja por ação ou omissão da sociedade, do Estado, dos pais ou responsáveis ou até da própria conduta da criança ou do adolescente. São, portanto, instrumentos colocados à disposição dos agentes responsáveis pela proteção das crianças e dos adolescentes, em especial dos conselheiros tutelares e das autoridades judiciárias.

Fala-se que, quando o direito da criança ou adolescente se encontra ameaçado ou violado, se está em uma situação de risco, apta a ensejar algum tipo de conduta dos agentes estatais para amenizar a situação de vulnerabilidade em que se encontra. Nessas situações, surge a possibilidade de aplicar alguma medida de proteção.

Nos termos do art. 98 do ECA, as situações de risco (violação ou ameaça de direitos da criança ou adolescente) podem ocorrer por:

86 Estatuto da Criança e do Adolescente

- ação ou omissão da sociedade ou Estado;
- falta, omissão ou abuso dos pais ou responsável;
- em razão da conduta da própria criança e/ou adolescente.

5.2 Princípios norteadores

O parágrafo único do art. 100 elenca um rol de 12 princípios pertinentes à aplicação das medidas de proteção. Tal rol transmite valores, mandados de otimização, que devem permear todo o Estatuto, bem como todo o sistema jurídico que tutela a criança e o adolescente. Trata-se dos seguintes princípios:

- **Princípio da condição da criança e do adolescente como sujeitos de direitos:** crianças e adolescentes são os titulares dos direitos previstos em todo o ordenamento jurídico interno e internacional.

- **Princípio da proteção integral e prioritária:** a interpretação e aplicação de toda e qualquer norma contida no ECA deve ser voltada à proteção integral e prioritária dos direitos de que crianças e adolescentes são titulares.

- **Princípio da responsabilidade primária e solidária do poder público:** a plena efetivação dos direitos assegurados a crianças e a adolescentes pelo ECA e pela Constituição Federal, salvo nos casos por esta expressamente ressalvados, é de responsabilidade primária e solidária das 3 (três) esferas de governo, sem prejuízo da municipalização do atendimento e da possibilidade da execução de programas por entidades não governamentais.

- **Princípio do interesse superior da criança e do adolescente:** a intervenção deve atender prioritariamente aos interesses e direitos da criança e do adolescente, sem prejuízo da consideração que for devida a outros interesses legítimos no âmbito da pluralidade dos interesses presentes no caso concreto.

Medidas de proteção **87**

- **Princípio da privacidade:** a promoção dos direitos e proteção da criança e do adolescente deve ser efetuada no respeito pela intimidade, direito à imagem e reserva da sua vida privada.
- **Princípio da intervenção precoce:** a intervenção das autoridades competentes deve ser efetuada logo que a situação de perigo seja conhecida.
- **Princípio da intervenção mínima:** a intervenção deve ser exercida exclusivamente pelas autoridades e instituições cuja ação seja indispensável à efetiva promoção dos direitos e à proteção da criança e do adolescente.
- **Princípio da proporcionalidade e atualidade:** a intervenção deve ser a necessária e adequada à situação de perigo em que a criança ou o adolescente se encontram no momento em que a decisão é tomada.
- **Princípio da responsabilidade parental:** a intervenção deve ser efetuada de modo que os pais assumam os seus deveres para com a criança e o adolescente.
- **Princípio da prevalência da família:** na promoção de direitos e na proteção da criança e do adolescente deve ser dada prevalência às medidas que os mantenham ou reintegrem na sua família natural ou extensa ou, se isso não for possível, que promovam a sua integração em família adotiva.
- **Princípio da obrigatoriedade da informação:** a criança e o adolescente, respeitado seu estágio de desenvolvimento e capacidade de compreensão, seus pais ou responsável devem ser informados dos seus direitos, dos motivos que determinaram a intervenção e da forma como esta se processa.
- **Princípio da oitiva obrigatória e participação:** a criança e o adolescente, em separado ou na companhia dos pais, de responsável ou de pessoa por si indicada, bem como os seus pais ou responsável, têm direito a ser ouvidos e a participar

88 Estatuto da Criança e do Adolescente

nos atos e na definição da medida de promoção dos direitos e de proteção, sendo sua opinião devidamente considerada pela autoridade judiciária competente, observado o disposto nos §§ 1º e 2º do art. 28 do ECA.

5.3 Medidas específicas de proteção

As medidas de proteção destinadas às crianças e adolescentes encontram-se especificadas no art. 101 do ECA. Trata-se de **rol meramente exemplificativo,** sendo possível, de acordo com o caso concreto, a aplicação de medidas de proteção de forma **isolada ou cumulativa.**

As medidas que constam nos incisos I a VI têm caráter autoexplicativo, bastando a simples leitura da redação do artigo para a exata compreensão da medida, sendo elas:

> I – encaminhamento aos pais ou responsável, mediante termo de responsabilidade;
>
> II – orientação, apoio e acompanhamento temporários;
>
> III – matrícula e frequência obrigatórias em estabelecimento oficial de ensino fundamental;
>
> IV – inclusão em serviços e programas oficiais ou comunitários de proteção, apoio e promoção da família, da criança e do adolescente; (Redação dada pela Lei nº 13.257, de 2016.)
>
> V – requisição de tratamento médico, psicológico ou psiquiátrico, em regime hospitalar ou ambulatorial;
>
> VI – inclusão em programa oficial ou comunitário de auxílio, orientação e tratamento a alcoólatras e toxicômanos;

As medidas que consta nos incisos VII e VIII são as medidas de **acolhimento institucional e acolhimento familiar.**

Com relação à medida de proteção que consta no art. 101, IX, qual seja colocação em família substituta, cumpre salientar que esta já foi devidamente abordada no Capítulo 3, em que se analisaram as suas espécies (guarda, tutela e adoção).

5.3.1 Acolhimento institucional

O **acolhimento institucional** consiste na determinação de encaminhar a criança ou o adolescente, sujeitos à medida de proteção, à entidade que desenvolva programa de acolhimento institucional, em virtude do abandono ou após constatado que não é possível a manutenção da criança na família de origem. Só haverá acolhimento quando inexistir a possibilidade de reintegração à família natural. Trata-se, portanto, de medida absolutamente excepcional.

O acolhimento deve ser realizado sempre em local próximo da residência dos pais ou responsável, pois, como visto, trata-se de medida excepcional de transição que visa garantir o retorno do jovem a sua família natural ou a colocação em família substituta.

Os pais e responsáveis, bem como demais membros da família, podem ser incluídos em programas de orientação, apoio e promoção social para que trabalhem o significado da família, viabilizando o quanto antes a reinserção do infante sob medida de acolhimento no seu núcleo familiar.

Além de ser medida excepcional, somente com o total esgotamento de todas as possibilidades de reintegrar o jovem à família, é que o programa de acolhimento poderá enviar relatório ao Ministério Público para que este tome providências quanto à destituição do poder familiar, da guarda ou tutela.

No que se refere ao período máximo em que a criança ou o adolescente pode ficar submetido ao programa de acolhimento institucional, este deve ser de até 18 meses, exceto se for devidamente comprovada a necessidade de que a criança ou o adolescente permaneçam nesse regime, e determinado pela autoridade judiciária, conforme orienta a doutrina do superior interesse da criança.

5.3.2 Acolhimento familiar

A medida de acolhimento familiar difere da medida de acolhimento institucional pelo fato de a criança ou adolescente ser entregue aos cuidados de uma família acolhedora, e não uma instituição de acolhimento.

A família acolhedora é previamente cadastrada no respectivo programa, recebendo a criança ou adolescente de forma provisória, até que seja possível o retorno para família natural ou extensa. Cabe ainda salientar que, nos termos do art. 34, § 2º, do ECA, a família acolhedora poderá assumir a situação de guardiã da criança ou adolescente acolhido.

5.4 Competência para aplicação das medidas protetivas

Compete ao Conselho Tutelar e ao Juiz da Vara da Infância e Juventude aplicar medidas de proteção de acordo com a necessidade do caso concreto e obedecendo os preceitos legais. No entanto, há de se fazer uma ponderação: enquanto o Juiz da Vara da Infância e Juventude tem atribuição para aplicar todas as medidas de proteção, **o Conselho tutelar detém atribuição apenas para aplicar as medidas que constam no art. 101, I a VI**.

Logo, pode-se afirmar que as medidas de acolhimento institucional, acolhimento familiar e colocação em família substituta estão sujeitas a cláusula de reserva de jurisdição, não podendo, assim, ser aplicadas pelo Conselho Tutelar.

Conselho Tutelar	Pode aplicar as medidas que constam no **art. 101, I a VI.**
	Não pode aplicar as medidas de acolhimento familiar, acolhimento institucional e da colocação em família substituta.
Juiz da Vara da Infância e Juventude	Poderá aplicar todas as medidas de proteção.

E aí vem o questionamento: por que então o art. 136 do ECA ensina que uma das atribuições do Conselho Tutelar é atender as crianças e adolescentes nas hipóteses previstas nos arts. 98 e 105, aplicando as medidas previstas no art. 101, **I a VII**, sendo que a medida prevista no inciso VII é justamente o **acolhimento institucional**? Ao que parece, foi uma falha do legislador, que, ao editar a Lei nº 12.010/2009, que alterou diversos artigos do ECA, esqueceu de alterar o inciso I do art. 136.

Dessa feita, o encaminhamento de criança ou adolescente a entidades de atendimento, **em regra**, somente poderá ocorrer por determinação judicial, com acompanhamento individualizado do caso, competindo-lhe manter cadastros de crianças e adolescentes em situação de acolhimento institucional, com informações sobre a situação jurídica de cada um, bem como as providências tomadas para a reintegração familiar, ou, se não for possível, a colocação em família substituta.

Ocorre que, **em situações excepcionais**, essa regra é relativizada, podendo **a criança ser colocada em acolhimento institucional mesmo sem autorização judicial**. Trata-se da situação descrita no art. 93 e art. 102, § 2º, ambos do ECA, em que se faz necessária a retirada urgente da criança ou adolescente do seio familiar, em razão desta ser **vítima de violência ou abuso sexual**.

Nesses casos, as entidades que mantenham programa de acolhimento institucional poderão, em caráter excepcional e de urgência, acolher crianças e adolescentes sem prévia determinação da autoridade competente, fazendo comunicação do fato em até **24 horas ao Juiz da Infância e da Juventude**, sob pena de responsabilidade.

Quando o conselho tutelar pode aplicar a medida de acolhimento institucional?	De forma **excepcional**, quando a medida se revelar de **extrema urgência** para resguarda a criança ou adolescente **vítima de violência ou abuso sexual.**
Qual a providência a ser adotada pela entidade de atendimento?	Comunicar o fato em até **24 horas** ao Juiz da Infância e Juventude.

6

Conselho Tutelar e medidas pertinentes aos pais e responsáveis

6.1 Conselho Tutelar

Nos termos do art. 131 do Estatuto da Criança e do Adolescente, o Conselho Tutelar é órgão permanente e autônomo, **não jurisdicional**, encarregado pela sociedade de zelar pelo cumprimento dos direitos da criança e do adolescente.

Vale destacar que o Conselho Tutelar é um órgão, e não uma pessoa jurídica, não possuindo personalidade jurídica própria. Trata-se de um órgão inserido na estrutura administrativa do município em que é localizado, com natureza jurídica híbrida, pois desempenha atividades de natureza social (proteção) e administrativa.

Embora esteja inserido na estrutura administrativa municipal, o município não tem a faculdade de criar o Conselho Tutelar, mas sim o dever jurídico de fazê-lo, devendo e poden-

94   Estatuto da Criança e do Adolescente

do eventual omissão ser sanada pelo Poder Judiciário. Este, inclusive, é o entendimento do STF **(Rel. Min. Celso de Melo, Informativo n° 720 do STF).**

Características do Conselho Tutelar

■ **Órgão permanente:** é obrigatória a existência de pelo menos um Conselho Tutelar em cada município ou região administrativa do Distrito Federal, não podendo referido órgão ser suprimido ou não instalado. Recomenda-se, inclusive, a existência de um Conselho Tutelar para cada 100.000 habitantes.

■ **Órgão autônomo:** o fato de integrar a estrutura administrativa do município não retira do Conselho Tutelar a sua necessária autonomia para atuar em prol dos direitos da criança e do adolescente, não havendo nenhum óbice para que condutas do Conselho Tutelar sejam promovidas em face do município.

■ **Órgão não jurisdicional:** o Conselho Tutelar **não** integra a estrutura do Poder Judiciário.

Por estar inserido no âmbito da estrutura administrativa do município, lei municipal ou distrital disporá sobre o local, dia e horário de funcionamento do Conselho Tutelar, inclusive quanto à remuneração dos respectivos membros, aos quais é assegurado o direito a cobertura previdenciária, gozo de férias anuais remuneradas com adicional de 1/3, licença-maternidade, licença-paternidade e gratificação natalina.

Constará ainda da lei orçamentária municipal e da do Distrito Federal previsão dos recursos necessários ao funcionamento do Conselho Tutelar e à remuneração e formação continuada dos conselheiros tutelares.

6.1.1 Requisitos para ser conselheiro e composição

Os requisitos para ser conselheiro, nos termos do art. 133, do ECA, são: **idoneidade moral, residência no município** e **idade mínima de 21 anos.**

O Conselho Tutelar é composto por 5 membros, sendo suas decisões colegiadas, ou seja, não há possibilidade de uma determinação do Conselho Tutelar emanar apenas da decisão de um único conselheiro (decisão monocrática).

6.1.2 Processo de escolha

Os conselheiros tutelares são escolhidos por voto direto, secreto, universal, periódico e facultativo, podendo votar todas as pessoas que já tiverem completado 16 anos de idade. Mesmo com as alterações da Lei nº 12.696/2012, o processo de escolha dos conselheiros tutelares continua sendo municipalizado, ficando a cargo dos Conselhos Municipais dos Direitos das Crianças e fiscalizados pelo Ministério Público, tendo citada lei inovado quanto à unificação da data das eleições, vez que estas deverão ser realizadas a cada 4 anos, no primeiro domingo do mês de outubro do ano subsequente ao da eleição presidencial.

A posse dos membros do Conselho Tutelar ocorre no dia **10 de janeiro** do ano posterior ao processo de escolha.

6.1.3 Atribuições

As atribuições do Conselho Tutelar se encontram definidas no art. 136 do ECA. Trata-se de **rol taxativo**, e não meramente exemplificativo. Isso porque, para resguardar os direitos das crianças e dos adolescentes, em algumas situações, o

Conselho Tutelar detém atribuições que podem assumir caráter coercitivo. Dessa feita, por ser órgão da administração pública, suas condutas são pautadas na legalidade estrita, não podendo exercer atribuições que não constam previstas em lei.

São atribuições do Conselho Tutelar:

a) **Aplicação de medidas protetivas**, quando presente uma das situações dos arts. 98 e 105 do ECA. Conforme visto no Capítulo 3, o Conselho Tutelar pode aplicar todas as medidas protetivas, salvo as medidas de acolhimento familiar, acolhimento institucional e colocação em família substituta, já que se trata de medidas sujeitas a cláusula de reserva de jurisdição.

b) **Aplicação das medidas pertinentes aos pais ou responsáveis**. Tais medidas serão estudadas adiante neste capítulo, porém, assim como ocorre com as medidas protetivas, as medidas pertinentes aos pais e responsáveis que afetam o exercício do poder familiar só podem ser aplicadas pela autoridade judicial.

c) **Promover a execução de suas decisões,** podendo, para tanto, requisitar serviços públicos nas áreas da saúde, educação, serviço social, previdência, trabalho e segurança, além de representar junto à autoridade judicial sobre o descumprimento de suas decisões, a fim de ser aplicada alguma sanção que dependa de manifestação judicial.

d) **Encaminhar ao Ministério Público notícia de fato que constitua infração administrativa ou penal contra os direitos da criança ou adolescente.**

e) **Encaminhar à autoridade judiciária os casos de sua competência.**

f) **Promover a execução das medidas protetivas** contidas no art.101, I a VI, quando aplicadas pela autoridade judicial em decorrência da **prática de ato infracional**. Embora promova a execução de algumas medidas protetivas, o Conselho Tutelar não tem atribuição para promover execução de medidas socioeducativas, ficando estas a cargo das entidades de atendimento.

g) **Expedir notificações.**

h) **Requisitar certidões de nascimento e de óbito** de criança ou adolescente quando necessário. Essa atribuição, no entanto, não concede ao Conselho Tutelar o poder de obrigar os Cartórios a retificar assento cível ou suprimi-lo, devendo para tanto provocar a autoridade judicial.

i) **Assessorar o Poder Executivo local** na elaboração da **proposta orçamentária** para planos e programas de atendimento dos direitos da criança e do adolescente.

j) **Representar**, em nome da pessoa e da família, contra a violação dos direitos referentes a proteção em face de **publicidades nocivas à saúde e ao meio ambiente** da criança e/ou adolescente.

k) **Representar** ao Ministério Público quando se deparar com situação que possa ensejar a **perda ou suspensão do poder familiar**. Essa medida deve ser extrema, devendo sempre o Conselho Tutelar pugnar por condutas que mantenham a criança ou adolescente no seio da sua família natural.

l) **Promover e incentivar**, na comunidade e nos grupos profissionais, ações de divulgação e treinamento para o reconhecimento de **sintomas de maus-tratos** em crianças e adolescentes.

Embora as decisões do Conselho Tutelar sejam sempre colegiadas, isso não significa que tais medidas não podem ser revistas. O art. 137 do ECA positiva o princípio da inafastabilidade do Poder Jurisdicional no âmbito das decisões do

98 Estatuto da Criança e do Adolescente

Conselho Tutelar, dispondo que as suas deliberações podem ser revistas pelo Poder Judiciário, desde que este seja provocado a tanto. Todavia, **o Poder Judiciário não pode modificar as deliberações do Conselho Tutelar de ofício**, só podendo agir quando devidamente provocado.

6.1.4 Impedimentos

Nos termos do art. 140 do ECA, são impedidos de servir no mesmo Conselho marido e mulher, ascendentes e descendentes, sogro e genro ou nora, irmãos, cunhados, durante o cunhadio, tio e sobrinha, padrasto ou madrasta e enteado.

Referidos impedimentos se estendem ao conselheiro que tenha algum desses vínculos listados acima com a autoridade judiciária ou com o membro do Ministério Público com atuação na Justiça da Infância e da Juventude, em exercício na comarca, foro regional ou distrital. Logo, se o vínculo for com autoridade judicial ou membro do Ministério Público que não atue na área da infância, não há que se falar em impedimento.

A intenção do legislador ao prever causas de impedimentos aos membros do Conselho Tutelar é evitar a formação de um Conselho Tutelar familiar, que possa atuar sempre no mesmo sentido, porque tudo seria resolvido em casa, entre marido e mulher, pai e filho, irmãos etc. Além disso, um parente poderia proteger o outro, negligenciando abusos e falhas.

6.1.5 Definição do Conselho Tutelar competente

As regras que definem a competência territorial das Varas da Infância e Juventude também são aplicadas para definir o âmbito de atuação territorial do Conselho Tutelar.

Caso a atuação do Conselho Tutelar ocorra em razão de uma **situação de vulnerabilidade** descrita no **art. 98 do ECA**, a competência recairá sobre o Conselho Tutelar da **residência dos pais ou responsáveis.**

Por sua vez, quando se tratar de atuação do Conselho Tutelar por conta da prática de um **ato infracional,** a competência será definida de acordo com **o local do ilícito.** Para sistematizar, veja o quadro a seguir:

Espécie de atuação	Conselho Tutelar competente
Situação de vulnerabilidade do art. 98 do ECA.	Competência do Conselho Tutelar do local da **residência dos pais ou responsáveis.**
Cometimento de ato infracional.	Competência do Conselho Tutelar do **local do ilícito.**

6.2 Medidas pertinentes aos pais e responsáveis

A criança é um ser em desenvolvimento, em formação do caráter e em busca da autonomia de pensar e de agir. A família é diretamente responsável pela formação de crianças e adolescentes e tem a obrigação, ao lado do Estado e da sociedade, de assegurar-lhes, com absoluta prioridade, o direito à vida, à saúde, à alimentação, à educação, ao lazer, à profissionalização, à cultura, à dignidade, ao respeito, à liberdade e à convivência familiar e comunitária, além de colocá-los a salvo de toda forma de negligência, discriminação, exploração, violência, crueldade e opressão (art. 227, *caput*, da CF).

Diante disso, o ECA prevê, em seus arts. 129 e 130, medidas a serem aplicadas aos pais e responsáveis que deixam de cumprir com suas obrigações legais e violam os direitos de crianças e adolescentes que estão sob sua responsabilidade.

O rol de medidas é bem abrangente e procura dar ferramentas ao aplicador do direito para tutelar de forma ampla a situação de pais e filhos. Inclusive, deve-se destacar que as medidas de proteção à criança e ao adolescente e as medidas voltadas aos pais devem ser aplicadas de forma coordenada.

Na maioria das medidas elencadas acima, não há ruptura familiar. Assim, as medidas voltadas aos pais e responsáveis, na maioria das vezes, são apenas orientações que devem ser seguidas por estes, como matricular o filho em escola, obrigação de encaminhar a criança ou o adolescente para tratamento especializado, advertência etc. Muitas dessas não demandam o afastamento familiar.

Vemos assim que o ECA tem por primazia a manutenção da criança e do adolescente junto à família natural, dado que este é o ambiente considerado mais adequado ao seu pleno desenvolvimento. A colocação em família substituta é absolutamente excepcional, sendo um direito do infante a criação e educação no seio de sua família (direito à convivência familiar e comunitária, com previsão nos arts. 19 e seguintes do ECA).

As medidas encontradas no art. 129, I a VII, que não afastam as crianças e adolescentes do convívio familiar, têm preferência em relação às elencadas no art. 129, VIII, IX e X, do ECA, pois estas implicam a retirada da criança ou do adolescente de seu lar, com o afastamento inevitável dos seus pais ou do responsável.

A aplicação das medidas presentes no art. 129, I a VII, é de atribuição do Conselho Tutelar (art. 136, II, do ECA), conforme visto no tópico anterior. Entretanto, nada impede que o juiz da infância e juventude possa também aplicar tais medidas. Passa-se ao estudo de cada uma das medidas:

a) **Encaminhamento a serviços e programas oficiais ou comunitários de proteção, apoio e promoção da família:** trata-se de programas que geralmente são atribuições do CRAS

(Centro de Referência e Assistência Social), que visam evitar o rompimento dos vínculos familiares e comunitários, bem como promover e facilitar políticas assistencialistas.

b) **Inclusão em programa oficial ou comunitário de auxílio, orientação e tratamento a alcoólatras e toxicômanos:** é imprescindível que haja uma orientação de equipe de saúde interdisciplinar a respeito da necessidade de submissão a tratamento ou outra espécie de intervenção, sempre com atenção ao disposto na Lei n° 10.216/2001.

c) **Encaminhamento a tratamento psicológico ou psiquiátrico:** não é admissível a aplicação da medida sem que, em processo contraditório, possa se verificar a imprescindibilidade desse encaminhamento.

d) **Encaminhamento a cursos ou programas de orientação:** devem sempre ocorrer no interesse da promoção e fortalecimento da família.

e) **Obrigação de matricular o filho ou pupilo e acompanhar sua frequência e aproveitamento escolar:** trata-se de obrigação expressa dos pais ou responsáveis, conforme consta no art. 55 do ECA. Cabe relembrar que o ensino domiciliar (*homeschooling*) não impede a aplicação dessa medida, já que se trata de modalidade de ensino que não é admitida no Brasil.

f) **Obrigação de encaminhar a criança ou adolescente a tratamento especializado:** é necessário a conscientização dos pais sobre a demanda apresentada pela criança ou adolescente, muitas vezes desconhecida ou superficialmente esclarecida aos responsáveis.

g) **Advertência:** trata-se de uma admoestação verbal, que deve ser reduzida a termo e assinada. Possui um caráter pedagógico e visa uma mudança de postura por parte dos pais ou responsáveis, em relação à atenção que dispensam à criação das crianças e adolescentes sob sua responsabilidade.

Em relação às medidas presentes no art. **129, VIII, IX e X, do ECA,** respectivamente perda da guarda, destituição da tutela e suspensão ou destituição do poder familiar, tais modalidades somente podem ser decretadas pelo Juízo da Infância e da Juventude.

O parágrafo único do art. 129 destaca a necessidade de se observarem os arts. 23 e 24 do ECA. Conforme disposto no art. 23 do ECA, a carência material não pode ser motivo determinante para penalização de pais e responsáveis com a perda de seus filhos e tutelados. A orientação é prestar adequada assistência a toda a família, por meio de inclusão obrigatória em serviços e programas oficiais de proteção, apoio e promoção (art. 23, § 1º, do ECA).

Para aplicação dessas medidas, o procedimento adequado deve ser respeitado, em atenção ao princípio do devido processo legal, efetivando-se as regras dispostas entre os arts. 152 a 170 do ECA.

A situação da criança ou do adolescente pode não ter como esperar o desfecho do processo judicial, assim o ECA autoriza o afastamento do agressor da moradia comum nas hipóteses de maus-tratos, opressão ou abuso sexual. A medida de afastamento está prevista no art. 130 do ECA como cautelar a ser decretada pela autoridade judiciária.

Tal medida somente pode ser tomada se as autoridades públicas tiverem conhecimento das violências praticadas contra a criança. Nesse sentido, o Conselho Tutelar deve ser notificado de todos os casos ou suspeitas de maus-tratos, castigos físicos e tratamentos cruéis ou degradantes contra crianças e adolescentes, conforme determina o art. 13 do ECA.

O parágrafo único do art. 130 permite a fixação de alimentos provisórios, a serem pagos pelo agressor afastado do lar em favor da criança e do adolescente. O agressor afastado pode ser o único mantenedor do sustento familiar, sendo assim, o legislador colocou tal previsão para que a criança em situação de violência e agressão a seus direitos tivesse suas necessidades básicas atendidas mesmo durante o afastamento do agressor.

A Constituição Federal (art. 227, § 4º) também dispõe sobre a necessidade de se tratar com seriedade os casos de abuso, violência e exploração sexual contra crianças e adolescentes.

Além da previsão de que crianças e adolescentes têm de receber prioridade absoluta na tutela de seus direitos e devem ser colocadas a salvo de toda forma de negligência, discriminação, exploração, violência, crueldade e opressão, a CF/1988 destacou a necessidade de punição severa em caso de abuso, violência e exploração sexual.

O ECA materializa essa diretriz constitucional, através da previsão de afastamento cautelar e destituição do poder familiar de pais agressores, bem como da terminação de fixação de alimentos provisórios.

7

Ato infracional, medidas socioeducativas e procedimento de apuração do ato infracional

7.1 Ato infracional

De acordo com a Lei de Introdução ao Código Penal (art. 1º), considera-se **crime** a infração penal que a lei comina com pena de reclusão ou de detenção, quer isoladamente, quer alternativa ou cumulativamente com a pena de multa; e **contravenção penal** a infração penal que a lei comina, isoladamente, com pena de prisão simples ou de multa, ou ambas, alternativa ou cumulativamente.

Segundo o art. 103 do Estatuto da Criança e do Adolescente, considera-se **ato infracional** a **conduta descrita como crime ou contravenção penal**. Percebe-se, portanto, que o legislador não definiu os fatos que, quando praticados por criança ou adolescente, serão considerados atos infracionais.

Ato infracional

Pode ser conceituado como a conduta praticada por uma criança ou adolescente, a qual tenha previsão legal de crime ou de contravenção penal.

Assim, a opção legislativa foi pela **tipicidade delegada**, segundo a qual uma conduta somente poderá ser considerada ato infracional, caso o mesmo comportamento esteja previsto como crime ou contravenção penal para o adulto.

Isso significa que somente teremos ato infracional se houver figura típica correspondente no ordenamento penal indicando hipótese de sanção penal aplicável a adultos. A análise e a seleção de condutas antijurídicas consideradas penalmente relevantes para o sistema penal é a mesma, seja no âmbito da justiça "comum", seja no âmbito do sistema de justiça juvenil, dispensando a necessidade de se tipificar atos infracionais no ECA.

O art. 228 da Constituição e o art. 22 do Código Penal dispõem que os menores de 18 anos são penalmente inimputáveis e estão sujeitos às normas da legislação especial. Essa legislação especial é justamente o Estatuto da Criança e do Adolescente, que em seu art. 104 prevê que **são penalmente inimputáveis os menores de 18 anos, sujeitos às medidas previstas nesta Lei**.

A imputabilidade é a capacidade mental de, ao tempo da ação ou omissão, entender o caráter ilícito do fato (elemento intelectual) e determinar-se de acordo com esse entendimento (elemento volitivo).

Existem critérios de aferição da imputabilidade: o **biológico**, o psicológico e o biopsicológico. Por ora, nos interessa apenas o primeiro, pois é baseado nele que se considera a menoridade como uma das hipóteses de inimputabilidade. Não se leva em consideração a capacidade de entendimento e de autodeterminação do agente no momento da conduta: apenas o fator biológico – a idade – é considerado, havendo uma presunção absoluta.

Logo, não há que se falar em crime, tampouco em responsabilidade penal da criança ou do adolescente, devendo eles serem punidos nos termos do ECA.

A **criança** (pessoa de até 12 anos incompletos) que praticar algum ato infracional, deve ser encaminhada ao Conselho Tutelar e estará sujeita às **medidas de proteção** previstas no art. 101 do ECA. **Aqui deve-se chamar a atenção para um ponto: criança pratica ato infracional.**

O que acontece é que, mesmo que cometa o ato, a criança não poderá ser responsabilizada com medida socioeducativa, mas apenas com medidas de proteção, ao passo que o **adolescente** (entre 12 de 18 anos incompletos) que praticar ato infracional deverá ser encaminhado à autoridade policial (no caso de flagrante) ou à autoridade judiciária (quando apreendido por força de ordem judicial), podendo-lhe, ao final do processo, ser aplicada **medida socioeducativa**.

7.2 Medidas socioeducativas

O adulto, quando comete um crime ou contravenção penal, sendo plenamente capaz de compreender o caráter ilícito do seu ato, sofre um juízo de reprovabilidade (culpabilidade), devendo, comprovada a sua culpa, ser aplicada a pena correspondente, que tem a função de reprimir e prevenir.

As crianças, indivíduos com até 12 anos incompletos, cometendo ato infracional devem ser protegidas e educadas, razão pela qual a elas não se aplicam medidas socioeducativas, mas sim medidas de proteção.

Caso um adolescente cometa ato infracional, não lhe é aplicada pena como acontece com os adultos, no entanto a sua reeducação não se restringe à aplicação de medidas protetivas. Ao adolescente infrator lhe é aplicada medida socioeducativa, cuja finalidade principal é educar (ou reeducar), não deixando de ser também uma forma de proteção à formação moral e intelectual do adolescente em conflito com a lei.

A aplicação de uma medida socioeducativa independe da vontade do adolescente em conflito com a lei, por isso fala-se que esta medida detém um **caráter sancionatório e retributivo**. Porém, também se apresenta com **natureza pedagógica**, uma vez que visa à reinserção do adolescente na sociedade, devendo-se buscar a solução que melhor atenda aos interesses do adolescente da forma menos gravosa possível.

Importante!

As medidas socioeducativas apresentam tanto um caráter sancionatório/retributivo, como também um caráter pedagógico.

Via de regra, as medidas socioeducativas são aplicadas ao final do procedimento de apuração de ato infracional, o qual deve observar todas as garantias asseguradas ao adolescente, conforme dispõe o art. 111 do ECA.

7.2.1 Aplicação do princípio da insignificância aos atos infracionais

Conforme exposto no tópico 7.1, a tipicidade dos atos infracionais é uma **tipicidade delegada**, uma vez que se socorre da tipicidade penal para se chegar à tipicidade socioeducativa.

Ilustrando: um adolescente subtrai, mediante violência, a bolsa de uma senhora de 40 anos. Ao analisar o ECA, verifica-se que nenhuma norma deste define a conduta de subtrair coisa móvel de outrem como ato infracional. No entanto, ao averiguar o Código Penal, mais especificamente o art. 157, observa-se que essa conduta é definida como crime. Logo, valendo-se da tipicidade delegada, referida conduta também vai ser um ato infracional, por isso não é terminologicamente adequado falar que um adolescente cometeu um roubo, mas sim que praticou um ato infracional análogo ao crime de roubo.

No entanto, não se pode olvidar que a tipicidade no Direito Penal não se restringe à subsunção do fato à norma (tipicidade formal), havendo também a denominada tipicidade material, isto é, a conduta deve ser considerada juridicamente relevante, maculando de forma grave um bem jurídico alheio tutelado pelo ordenamento jurídico.

É no campo da tipicidade material que surge o princípio da insignificância, sendo um postulado que procura afastar a ilicitude penal de condutas que, apesar de serem formalmente típicas, não revelam uma repreensão social a ponto de restringir a liberdade do seu ofensor.

Logo, para o ato ser tipicamente infracional, além da necessidade de estar previsto em lei como crime ou contravenção penal, seu resultado jurídico precisa ser relevante, ou seja, deve estar caracterizada a tipicidade material, **aplicando-se, portanto, o princípio da insignificância no âmbito infracional.**

Na seara jurisprudencial, inicialmente, o STJ não reconhecia a aplicação do princípio da insignificância no âmbito infracional por entender que a natureza pedagógica da medida socioeducativa não poderia ser jamais considerada insignificante. Porém, o STF **(HC 112.400/RS)**, ao apreciar o tema, entendeu que a tipicidade delegada abrangeria também a tipicidade material, devendo incidir o princípio da insignificância no contexto infracional, sob pena de se conferir tratamento mais gravoso ao adolescente em relação ao adulto. Posteriormente, o STJ **(HC 357.845/SC)** alinhou seu entendimento ao STF e hoje **é pacífico no âmbito dos Tribunais Superiores a possibilidade de aplicação do princípio da insignificância.**

7.2.2 Da prescrição das medidas socioeducativas

Nos termos da Súmula n° 338 do Superior Tribunal de Justiça, a prescrição penal se aplica às medidas socioeducativas. Isso porque, se referida hipótese de extinção de punibilidade é prevista aos adultos, não teria razoabilidade alguma deixá-la incidir também aos adolescentes, uma vez que estes possuem os mesmos direitos dos adultos, além de outros que lhes são específicos.

> Súmula n° 338. A prescrição penal é aplicável nas medidas socioeducativas.

Insta consignar que, antes do assunto ser pacificado no âmbito do STJ, havia quem não admitisse a incidência do instituto da prescrição no contexto infracional, invocando, assim como o fazem para o princípio da insignificância, o argumento do caráter da natureza educativa e pedagógica. **Reitera-se: as medidas socioeducativas também são dotadas de um caráter sancionatório,** uma simples visita a um centro socioeducativo deixa essa natureza bem evidente.

Dessa feita, surge uma pergunta: Como o ECA, tampouco o Sinase, estipulam a forma do cálculo da prescrição para os atos infracionais, como este deve ser realizado?

Para aferição da prescrição em abstrato, deve ser levado em consideração o prazo máximo de cumprimento da medida de internação, que, nos termos do art. 121, § 3°, do ECA, é de 3 anos. Valendo-se do prazo prescricional previsto no art. 109,

IV, do Código Penal, percebe-se que o prazo prescricional será de 8 anos. Contudo, como se trata de adolescente, indivíduo com menos de 18 anos, deve-se aplicar a redução do prazo prescricional pela metade prevista no art. 115 do Código Penal.

Logo, o prazo prescricional da pretensão em abstrato da medida socioeducativa é de 4 anos, sendo este o entendimento da jurisprudência pátria.

No entanto, deve ser feita uma ressalva: suponha que um adolescente praticou um ato infracional análogo a um crime, cujo o tipo penal prevê pena inferior a 3 anos, como, por exemplo, o crime de lesão leve, em que a pena máxima é de um ano. Nesse caso, deverá ser levado em consideração o prazo previsto no tipo penal, já que é inconcebível deferir tratamento mais gravoso ao adolescente.

Portanto, cuidado com afirmações genéricas que estipulam a premissa de que a prescrição da pretensão em abstrato da medida socioeducativa será sempre de 4 anos, pois é possível que seja um prazo menor, desde que a pena máxima prevista pelo tipo penal seja inferior a 3 anos, ocasião em que repercutirá nos parâmetros fixados no art. 109 do Código Penal.

Prescrição da pretensão em abstrato das medidas socioeducativas (regra)	Em regra, a prescrição em abstrato ocorrerá em **4 anos**.
	Explicação: a medida mais gravosa que pode ser aplicada é a medida de internação, que tem prazo máximo de cumprimento de 3 anos. Logo, valendo-se do art. 109, IV, c/c art. 115, todos do Código Penal, chega-se ao prazo prescricional de 3 anos.
Prescrição da pretensão em abstrato das medidas socioeducativas (exceção)	Pode ocorrer de o ato infracional praticado ter como crime análogo um **tipo penal com pena máxima inferior a 3 anos.**
	Nesse caso, o cálculo da prescrição em abstrato deverá ser feito **com base na pena máxima prevista no tipo penal.**

7.2.3 Espécies de medidas socioeducativas

O Estatuto da Criança e do Adolescente elenca, no seu art. 112, seis espécies de medidas socioeducativas; são elas:

- advertência;
- obrigação de reparar o dano;
- prestação de serviços à comunidade;
- liberdade assistida;
- semiliberdade;
- internação.

Além dessas medidas, o art. 112, VII, prevê a possibilidade de as medidas protetivas dispostas no art. 101, I a VI, serem aplicadas quando a criança ou adolescente comete ato infracional. Por serem essencialmente medidas protetivas, tais medidas, quando aplicadas no bojo do cometimento de ato infracional, são denominas **medidas socioeducativas atípicas**.

Para melhor compreensão do assunto, passa-se ao estudo de cada espécie de medida socioeducativa em tópico próprio.

7.2.3.1 *Medida de advertência*

A advertência é a medida socioeducativa mais branda, consistindo, basicamente, em uma repreensão verbal que é feita ao adolescente, uma espécie de "carão" sobre as consequências e ilegalidade da conduta do adolescente.

Em razão da carga sancionatória que permeia as medidas socioeducativas, o art. 114 exige para a sua aplicação a existência de provas suficientes da autoria e materialidade da infração, salvo quando se tratar em hipótese de remissão, que será adiante estudada. Ocorre que o parágrafo único do dispositivo supracitado **dispensa prova de autoria para a aplicação da medida de advertência, sendo suficiente a existência de indícios.**

Sobre esse ponto, é necessário tecer algumas considerações. A aplicação das medidas socioeducativas importa necessariamente em responsabilização do adolescente, justificando o início de um procedimento que respeita o devido processo legal, com o contraditório e a ampla defesa, sendo, em regra, necessário prova da materialidade infracional, bem como da autoria.

Todavia, o legislador fez uma ressalva com relação à medida socioeducativa de advertência, visto que, nos termos do art. 114, parágrafo único, para a sua aplicação bastam indícios suficientes de autoria. Embora haja severas críticas doutrinárias sobre essa previsão legal, esta permanece válida, devendo ser considerada em provas objetivas.

Outro ponto relevante sobre a medida de advertência é que, apesar de ser a mais branda das medidas, a advertência tem papel importante, cabendo ao juiz demonstrar ao adolescente que o ato por ele praticado, embora não mereça resposta mais acentuada, produz consequências negativas para ele e toda a sociedade, tanto que a sua reiteração poderá ensejar a aplicação futura de medida mais severa.

Logo, é função indelegável do juiz aplicar a medida de advertência, não podendo delegar esta função para eventual serventuário da justiça, conforme precedente do STJ (REsp 104.485/DF, 5ª T., Rel. Min. Gilson Dipp, j. 13.03.2002, *DJ* 15.04.2002, p. 243).

Portanto, para aplicar a medida de advertência, é designada uma audiência própria, denominada audiência de admoestação verbal, que deve ser presidida pelo Juiz da Infância e Juventude, não podendo tal função ser delegada.

114 Estatuto da Criança e do Adolescente

Principais características da medida de advertência
Será verbal e feita pela autoridade judicial.
O teor da reprimenda deve ser reduzido a termo.
O magistrado deve esclarecer ao adolescente infrator quais as consequências da reincidência.
Presentes os pais ou o responsável, cabe ao juiz informar sobre a possibilidade de perda do poder familiar ou de destituição da tutela ou da guarda.
Para a sua aplicação, basta a prova da materialidade do fato e de indícios de autoria.
Se aplicada em sede de remissão, dispensa a prova da materialidade e da autoria.

7.2.3.2 *Obrigação de reparar o dano*

A obrigação de reparar o dano é medida socioeducativa que tem por finalidade promover a compensação da vítima, por meio da restituição do bem, do ressarcimento ou de outras formas, exigindo, para a sua aplicação, a comprovação de autoria e da materialidade da infração, e não apenas indícios de autoria, como ocorre com a advertência.

Trata-se de medida socioeducativa aplicável apenas aos casos de atos infracionais com reflexos patrimoniais, não se confundindo com indenização cível, sendo exigido que o adolescente cumpra a medida, e não seus pais ou responsável. Em decorrência disso, deve ser verificado previamente se aquele tem capacidade de cumpri-la (art. 112, § 1º, do ECA).

Uma das características da medida socioeducativa de reparação de danos é que esta é uma **medida de gerenciamento pelo próprio Poder Judiciário**, não havendo necessidade de entidade de atendimento para a execução desta medida socioeducativa, exercendo o Poder Judiciário a fiscalização direta e indireta, averiguando-se se houve comprovação da reparação.

Uma vez reparado o dano, não há motivo para a continuidade da medida. Em razão disso, fala-se que a medida de reparação de dano é uma **medida por tarefa**, e não por desempenho, visto que não haverá relatórios para avaliar o cumprimento da medida pelo adolescente.

Por fim, impende registrar que, nos termos do art. 116, parágrafo único, do ECA, havendo manifesta impossibilidade, a medida poderá ser substituída por outra adequada. Tal previsão tem importante função, mormente pelo fato de a maioria dos adolescentes que se envolvem no contexto infracional acabam sendo pessoas em desenvolvimento com dificuldades financeiras, fato que pode frustrar o cumprimento da reparação de dano, mas não pela falta de comprometimento do adolescente, mas sim pela impossibilidade material de cumpri-la.

Nessas situações, a medida de reparação de dano deve ser substituída por outra medida similar, a exemplo de uma prestação de serviços à comunidade ou até uma medida mais branda, como a advertência, mas jamais poderá importar em medida de restrição da liberdade do adolescente, tais como a medida de semiliberdade e internação.

Principais características da medida de reparação de dano
Aplicável nos casos de ato infracional com reflexos patrimoniais.
Não se confunde com uma indenização civil, devendo ser cumprida pelo próprio adolescente.
Necessita de prova de autoria e materialidade, salvo quando aplicada no contexto da remissão.
É medida por tarefa, logo não haverá relatórios para avaliar o seu cumprimento.
Em caso de impossibilidade de cumprimento, deve ser substituída por outra medida de meio aberto.

7.2.3.3 *Medida de prestação de serviços à comunidade*

A medida de prestação de serviços à comunidade tem por finalidade fazer o adolescente enxergar a sua função na

116 Estatuto da Criança e do Adolescente

sociedade, demonstrando-lhe que, apesar de ser titular de direitos, também tem obrigações perante a sociedade.

Quando da prolação da sentença, deverá o magistrado verificar se o adolescente reúne condições físicas e mentais para a realização das tarefas, uma vez que estas devem representar um acréscimo socioeducativo e importar em assimilação de conhecimentos e oportunidades. Para que isso seja possível, a entidade responsável pela execução da medida deve verificar o perfil do adolescente, avaliando seus aspectos subjetivos, tais como a sua condição escolar, sua experiência de vida, bem como de sua família.

Em geral, os serviços são prestados em entidades de assistência, hospitais, escolas e casas de acolhimento. Como os serviços devem ser voltados ao interesse geral, a doutrina majoritária ensina que não podem ser executados em empresa privada, caracterizando mão de obra gratuita ao proprietário do estabelecimento e tendo como foco o consumidor. Por esse motivo, os serviços deveriam ser executados sempre em equipamentos públicos, entidades conveniadas com o Estado ou em programas comunitários.

Após escolher a medida de prestação de serviços à comunidade como adequada ao adolescente infrator, deverá o juiz indicar o seu período de duração, tempo este que **não pode ultrapassar o prazo de 6 meses.** Também deverá o juiz estabelecer a carga horária máxima de prestação de serviços por semana, sendo o limite de 8 horas. Dessa feita, não esqueça:

Período máximo	Carga horária semanal máxima
6 meses	8 horas

É fácil perceber que se trata de períodos máximos, podendo o magistrado, de acordo com as circunstâncias, eleger o período e carga horária semanal inferior ao estabelecido na lei.

Por fim, não se pode olvidar que a medida poderá ser cumprida aos sábados, domingos e feriados, com o objetivo de não atrapalhar a frequência à escola e ao trabalho do socioeducando.

Principais características da medida de prestação de serviços à comunidade
Realização de tarefas gratuitas que atendam ao interesse geral.
Pode ser cumprida aos sábados, domingos, feriados e dias úteis, não podendo atrapalhar a frequência escolar ou trabalho do socioeducando.
Período **máximo** de 6 meses.
Jornada **semanal máxima** de 8 horas.

7.2.3.4 *Medida de liberdade assistida*

Inicialmente, incumbe esclarecer que a liberdade assistida insculpida no Estatuto da Criança e do Adolescente não é a mesma de que tratava o Código Mello Mattos de 1979, pois esta se limitava a vigiar e condicionar a liberdade do infrator.

A liberdade assistida prevista no ECA ganha novas conotações e se torna mais abrangente que a anterior, pois seus objetivos são maiores, como a reinserção social do infrator e a promoção da cidadania. Desse modo, o adolescente infrator submetido à medida de liberdade assistida será acompanhado, auxiliado e orientado por pessoa capacitada.

O Estatuto, inclusive, prevê algumas das atribuições do orientador da medida de liberdade assistida. Dispõe o art. 119 que o orientador deverá promover socialmente o adolescente e sua família – incluindo-o em programas oficiais ou comunitários de auxílio e assistência social; supervisionar a frequência escolar e seu aproveitamento –, promovendo a matrícula quando necessário, bem como diligenciar no sentido de incluí-lo em cursos profissionalizantes e no mercado de trabalho, e, ainda, apresentar relatórios.

118 Estatuto da Criança e do Adolescente

Chamamos a atenção para o inciso II do art. 119 do ECA, que fala em "promover a matrícula do adolescente": alguns autores defendem que o legislador autorizou que, na impossibilidade de o jovem se matricular diretamente, ou por meio de seus pais ou responsáveis, o orientador o faça pessoalmente, como se verdadeiro responsável fosse.

Em relação aos prazos, o ECA é silente quanto ao prazo máximo da medida e apenas estabelece o **prazo mínimo de duração de 6 meses**.

Medidas socioeducativas	
Prestação de serviços à comunidade.	Liberdade assistida.
MÁXIMO: 6 meses.	MÍNIMO: 6 meses.

Apesar disso, segundo o entendimento do Superior Tribunal de Justiça, o prazo máximo de duração da **medida de liberdade assistida é de 3 anos**, por analogia ao prazo máximo da medida de internação, conforme estabelece o § 3º do art. 121 do ECA.

Principais características da medida de liberdade assistida
O adolescente permanece em liberdade, sendo mantido o seu convívio familiar e comunitário, porém fica sujeito a acompanhamento, auxílio e orientação.
Período **mínimo** de 6 meses.
Período **máximo** de 3 anos.

7.2.3.5 Medida de semiliberdade

A semiliberdade é espécie de medida restritiva de liberdade, através da qual o adolescente estará afastado do convívio familiar e comunitário, visto que sua liberdade será restringida, mas, diferentemente do que ocorre na medida de internação, essa restrição não é absoluta.

Isso porque o adolescente que cumpre a medida de semiliberdade deve trabalhar e estudar durante o dia e ficar recolhido em unidade própria durante o período noturno. Na semiliberdade "invertida", por sua vez, o adolescente permanece o dia todo internado (recebendo educação, profissionalização etc.) e à noite retorna para sua casa. Geralmente, é cumprida por adolescente de idade mais baixa (mais próximo dos 12 anos), que cometeu ato infracional mais leve. É destinada a um perfil infracional diferenciado.

Por ser restritiva de liberdade, a medida de semiliberdade deve observância aos princípios da brevidade (deve perdurar por um lapso de tempo mínimo imprescindível para a ressocialização do adolescente), excepcionalidade (deve ser aplicada em hipóteses excepcionais, dando-se preferência às demais medidas não restritivas) e respeito à condição de pessoa em desenvolvimento.

A medida de semiliberdade está sujeita a prazo indeterminado, porém limitado a 3 anos. A sua duração dependerá do andamento do processo socioeducativo, que avaliará a evolução do comportamento do adolescente, bem como a sua correta convivência social. Pode ser aplicada diretamente ou como forma de progressão da medida de internação, como uma maneira de transição para o meio aberto.

Por fim, diga-se, ainda, que a autoridade judiciária não pode impedir a realização de atividades externas pelo adolescente que se encontra em regime de semiliberdade. Além disso, conforme dispõe o § 1º do art. 120 do ECA, é obrigatória a escolarização e a profissionalização.

No entanto, há precedentes antigos do STJ que permitem ao juiz proceder a limitações na atividade externa, até como forma de controlar e fiscalizar a reinserção do adolescente no convívio comunitário. No âmbito do STF, prevalece que essa restrição não é permitida, além de que qualquer limitação aos direitos fundamentais de adolescentes deve ser feita em hipóteses excepcionais, exigindo-se decisão devidamente fundamentada.

Principais características da medida de semiliberdade
Pode ser aplicada de forma autônoma ou como progressão da medida de internação para o meio aberto.
Período **mínimo** de 6 meses.
Período **máximo** de 3 anos.
É possível a realização de atividade externa, independentemente de autorização judicial.

7.2.3.6 Medida de internação

A medida de internação é a mais severa medida socioeducativa prevista no ECA, pois restringe a liberdade do adolescente, estando suas hipóteses de cabimento previstas nos arts. 108 e 122 do ECA. Pela importância, colacionam-se os referidos dispositivos:

> Art. 108. A internação, antes da sentença, pode ser determinada pelo prazo máximo de quarenta e cinco dias.
>
> Parágrafo único. A decisão deverá ser fundamentada e basear-se em indícios suficientes de autoria e materialidade, demonstrada a necessidade imperiosa da medida.
>
> (...)
>
> Art. 122. A medida de internação só poderá ser aplicada quando:
>
> I – tratar-se de ato infracional cometido mediante grave ameaça ou violência a pessoa;
>
> II – por reiteração no cometimento de outras infrações graves;
>
> III – por descumprimento reiterado e injustificável da medida anteriormente imposta.

A internação orienta-se pelos seguintes princípios:

- **Brevidade:** a internação tem prazo máximo de duração de 3 anos. No máximo a cada 6 meses, é necessária uma reavaliação do comportamento do reeducando, com o fito de se verificar se é caso de manutenção da medida, substituição ou extinção.
- **Excepcionalidade:** a medida de internação só deve ser aplicada quando nenhuma outra medida for adequada, ou seja, devem ser analisadas as circunstâncias do caso concreto.
- **Respeito à condição peculiar de pessoa em desenvolvimento:** o adolescente infrator se encontra em fase de desenvolvimento físico, psicológico, moral e social, e, portanto, deve permanecer em unidade de internação própria à sua condição, sem contato com condenados à pena privativa de liberdade.

Como a medida de internação deve ser a *ultima ratio* das medidas adotadas em relação ao adolescente em conflito com a lei, só pode ser deflagrada nas hipóteses acima elencadas, não se admitindo qualquer tipo de analogia ou interpretação extensiva, sob pena de constrangimento ilegal.

Antes de analisar as hipóteses de cabimento da medida de internação, cumpre consignar que o estatuto prevê três modalidades de internação, quais sejam: 1) internação provisória; 2) internação com prazo indeterminado ou internação sentença; 3) internação com prazo determinado.

Modalidades de internação	Características
Internação provisória	Prevista no art. 108 do ECA, trata-se de hipótese de internação deflagrada antes da proliferação da sentença. Tem prazo máximo de 45 dias.
Internação com prazo indeterminado (internação sentença)	Prevista no art. 122, I e II, do ECA, trata-se da hipótese de internação deflagrada após a proliferação da sentença do procedimento de apuração do ato infracional. Tem prazo máximo de 3 anos.

122 Estatuto da Criança e do Adolescente

Internação com prazo determinado (internação sanção)	Prevista no art. 122, III, do ECA, trata-se de hipótese de internação deflagrada no bojo da execução de uma medida socioeducativa, quando houver descumprimento reiterado. Tem prazo máximo de 3 meses.

Passa-se a análise de cada modalidade de medida de internação.

7.2.3.6.1 Internação provisória

A internação provisória pode ser definida como a medida de internação deflagrada antes da sentença que, assim como qualquer modalidade de restrição da liberdade, é medida excepcional, a ser decretada em decisão fundamentada do magistrado, quando houver **indícios suficientes de autoria e materialidade delitiva**.

A internação provisória tem prazo máximo de 45 dias. Não havendo a conclusão do procedimento de apuração do ato infracional com a prolação da respectiva sentença, o adolescente deve ser liberado imediatamente.

Essa questão é bastante importante, não havendo que se falar que o prazo de 45 dias é apenas para a conclusão da instrução processual. Isso porque, no âmbito processual penal, o excesso de prazo para a formação da culpa apto a ensejar a liberdade do investigado, nos termos da Súmula nº 52 do STJ, não pode ser arguido após o encerramento da instrução penal.

Ocorre que essa *ratio* não se aplica ao prazo de 45 dias da internação provisória, uma vez esvaziado o referido lapso temporal o adolescente deve ser colocado imediatamente em liberdade, sob pena, inclusive, de a autoridade responsável incorrer no crime tipificado no art. 235 do ECA.

Importante!

A medida de internação provisória não pode exceder o prazo máximo e improrrogável de 45 dias, não havendo que se falar na incidência da Súmula nº 52 do STJ.

7.2.3.6.2 Internação por prazo indeterminado ou internação sentença

Referida modalidade de internação pressupõe a apuração da materialidade e da autoria, mediante sentença, não podendo ser aplicada em cumulação com a remissão. Além disso, é imperioso que o adolescente tenha aptidão física e mental para o cumprimento da medida.

Em reiteradas vezes, o STJ **(HC 88.043/SP)** já decidiu pela impossibilidade de aplicação da medida de internação quando o adolescente apresenta distúrbios mentais, ainda que leves, uma vez que a medida socioeducativa assumiria um caráter meramente retributivo, olvidando-se a sua perspectiva pedagógica, já que o adolescente nem sequer teria como assimilá-la.

Conforme já exposto, a medida de internação somente poderá ser aplicada nas hipóteses taxativamente previstas em lei. Nesse caso, só é possível se falar em aplicação da medida de internação quando se tratar:

- **hipótese 1:** de infração cometida com violência ou grave ameaça à pessoa; ou
- **hipótese 2:** por reiteração no cometimento de outras infrações graves.

Sendo assim, a mera gravidade em abstrato de um determinado ato infracional não constitui motivação idônea para aplicação da medida socioeducativa de internação por prazo indeterminado.

Hipótese 1 (infração cometida mediante violência ou grave ameaça à pessoa): trata-se da aplicação da medida de internação em face de atos infracionais graves, que foram praticados com violência ou grave ameaça **às pessoas.**

Destaca-se a necessidade de o ato infracional ter sido praticado com violência ou grave ameaça à pessoa, e não a uma coisa. Assim sendo, caso um adolescente cometa um ato infracional análogo ao crime de furto qualificado por rompimento de obstáculo, como se trata de ato em que a violência foi praticada em face de uma coisa, não é possível a aplicação da medida de internação com base no art. 122, I, do ECA.

Importante ressalva se faz também em relação ao ato infracional análogo ao crime de tráfico de entorpecentes. Apesar de ser considerado tipo penal grave e equiparado a hediondo, é inaplicável a medida socioeducativa de internação em razão da prática isolada de ato infracional análogo ao crime de tráfico de drogas, já que se trata de ato que não foi praticado com violência ou grave ameaça à pessoa.

O STJ editou importante súmula a esse respeito. Vejamos:

> **Súmula nº 492 do STJ.** O ato infracional análogo ao tráfico de drogas, por si só, não conduz obrigatoriamente à imposição de medida socioeducativa de internação do adolescente.

Essa súmula foi editada em face das inúmeras internações por prazo indeterminado de adolescentes que praticavam ato infracional análogo ao tráfico de drogas. Essas determinações tinham como fundamento o entendimento de que o crime de tráfico de drogas, mesmo destituído de violência ou grave ameaça à pessoa, é assemelhado a crime hediondo e que, por isso, seria tão grave quanto aqueles que são cometidos com violência ou grave ameaça à pessoa, ensejando, portanto, a aplicação da medida mais extrema prevista no Estatuto.

No entanto, diversas impugnações foram opostas a essas sentenças, sobrevindo julgados que reconheceram a ilegalidade da aplicação da referida medida quando considerada apenas a gravidade abstrata da conduta, reconhecendo a inaplicabilidade da medida de internação quando houver a possibilidade de aplicação de outra medida menos onerosa ao seu direito de liberdade, por força do princípio da excepcionalidade, o que culminou na edição da Súmula nº 492 *supra*, com o intuito de evitar que novas internações arbitrárias ocorressem.

Hipótese 2 (reiteração no cometimento de outras infrações graves): nem toda infração grave é acometida de violência ou grave ameaça à pessoa. Pensando nisso, o ECA prevê uma outra possibilidade de aplicação da medida de internação consistente na situação em que há reiteração no cometimento de outras infrações graves. Todavia, o Estatuto não definiu o que se deve entender por reiteração.

Originariamente, o STJ tinha sedimentado entendimento no sentido de que só se poderia falar em reiteração de ato infracional quando houvesse a prática de três ou mais atos infracionais, visto que não se poderia confundir o instituto da reiteração com a reincidência.

Ocorre que os últimos precedentes do Superior Tribunal de Justiça **(AgRg no HC 298.226/AL)** têm sido no sentido de que não há previsão legal para a exigência de prática de três atos infracionais, além do que competirá ao magistrado analisar as circunstâncias do caso concreto e as condições individuais do adolescente para melhor aplicação do direito.

126 Estatuto da Criança e do Adolescente

Essa mudança de entendimento do STJ acompanha os precedentes do STF, que não distingue os termos reiteração e reincidência, considerando suficiente a prática de, pelo menos, uma infração anterior grave para se poder falar em reiteração/ reincidência, quando o adolescente comete novamente um ato infracional.

7.2.3.6.3 Internação por prazo determinado ou internação sanção

A internação sanção pressupõe a reiteração injustificada do descumprimento de medida anteriormente imposta, sendo medida que é aplicada pelo juízo da execução das medidas socioeducativas, tendo prazo máximo de duração de 3 meses, conforme dispõe o art. 122, § 1°, do ECA.

Vamos imaginar o seguinte caso concreto: foi aplicada medida socioeducativa de liberdade assistida ao adolescente João, devendo este comparecer semanalmente ao CREA mais próximo da sua casa. Ocorre que João não compareceu no dia marcado. Na semana subsequente, João novamente não compareceu. Nessa situação, já é possível aplicar a medida socioeducativa de internação sanção?

A resposta é negativa. Isso porque, para se aplicar a medida de internação sanção, é preciso que haja o devido processo legal, devendo ser oportunizado ao adolescente o direito de ser ouvido e apresentar, se for o caso, uma justificativa plausível para o descumprimento da medida.

Dessa forma, há todo um percurso a ser transcorrido antes de ser deflagrada a internação sanção. Logo, havendo o primeiro descumprimento, o adolescente deve ser intimado para uma audiência, denominada audiência de advertência, para que seja advertido pelo juízo da execução que ele está descumprindo a medida imposta e, se assim permanecer, poderá sofrer restrições mais severas a sua liberdade.

Após essa audiência de advertência, caso o adolescente descumpra novamente a medida que lhe foi imposta, é possível considerar que houve reiteração no descumprimento, fato que faz com que surja a possibilidade de a ele ser cominada medida socioeducativa de internação sanção.

No entanto, isso só será possível após ser realizada nova audiência, a fim de oportunizar ao adolescente apresentar alguma justificativa para o novo descumprimento.

Por fim, insta consignar que a medida de internação sanção pode ser de até 3 meses, não sendo um comando imperativo a fixação desse prazo, podendo o juiz fixar um prazo menor, mas jamais pode fixar um prazo superior a 3 meses.

7.2.3.6.4 Liberação compulsória

Nos termos do § 5° do art. 121 do ECA, a idade máxima para cumprimento de medida socioeducativa de internação é 21 anos de idade. Dessa forma, o adolescente infrator que estiver cumprindo medida socioeducativa de internação e completar 21 anos de idade deverá ser liberado imediatamente.

Esse dispositivo materializa a regra contida no art. 2°, parágrafo único, do ECA, o qual dispõe que "nos casos expressos em lei, aplica-se excepcionalmente este Estatuto às pessoas entre dezoito e vinte e um anos".

No entanto, temática que é discutida na doutrina é se a aplicação do ECA às pessoas entre 18 e 21 anos se limita à internação. Sobre o tema, podemos identificar 3 correntes, quais sejam:

- ■ **1ª posição:** o ECA só prevê a possibilidade de aplicação da medida socioeducativa até 21 anos na hipótese de internação.

128　Estatuto da Criança e do Adolescente

Como as medidas socioeducativas são revestidas de um caráter sancionatório, essa possibilidade só poderia ser aplicada para a medida de internação.

- **2ª posição:** o art. 120, § 2°, do ECA dispõe que as disposições pertinentes à internação podem ser aplicadas, no que couber, à semiliberdade. Sendo assim, a possibilidade de o cumprimento da medida ocorrer até os 21 anos também alcançaria a semiliberdade, tendo em vista expressa disposição legal.

- **3ª posição (prevalecente):** mesmo que não haja regra expressa, é permitido o cumprimento de todas as medidas até os 21 anos, uma vez que não há lógica em permitir a aplicação das medidas mais gravosas (internação e semiliberdade) até os 21 anos e proibir a aplicação das mais brandas. Referido entendimento é consagrado na **Súmula n° 605 do STJ** que assim dispõe: "A superveniência da maioridade penal não interfere na apuração de ato infracional nem na aplicabilidade de medida socioeducativa em curso, inclusive na liberdade assistida, enquanto não atingida a idade de 21 anos".

7.2.3.6.5 Possibilidade de atividade externa

Em regra, a atividade externa não é vedada no âmbito do cumprimento da medida de internação, ficando a cargo da equipe técnica da entidade de atendimento definir a sua realização ou não. Ocorre que a autoridade judicial pode restringir a realização de atividade externa, por meio de decisão devidamente fundamentada, que pode ser revista a qualquer tempo.

Caso haja a vedação imposta por decisão judicial, a realização de atividade externa dependerá de autorização judicial. No entanto, não se pode olvidar que a Lei n° 12.594/2012 (Lei do Sinase) prevê hipóteses em que as saídas são autorizadas por lei, independentemente de manifestação ou contrariedade judicial, dada a emergência e relevância das situações, tais como: necessidade de atendimento médico ao adolescente ou comparecimento em enterro de familiar. **Trata-se de saídas externas, cujo regime jurídico é diferenciado em relação ao das atividades externas.**

7.3 Procedimento de apuração do ato infracional

A apuração de autoria e materialidade do ato infracional, bem como a aplicação de uma possível medida socioeducativa, depende da provocação da função jurisdicional, já que compete à autoridade judicial aplicar medidas socioeducativas.

Por meio da ação socioeducativa, o Ministério Público instrumentaliza a sua demanda na representação e requer ao Estado-Juiz que apure a autoria e materialidade de um ato infracional, com a consequente aplicação da medida pertinente para garantir a ressocialização do adolescente.

Proposta a ação socioeducativa, esta deverá seguir o regramento disposto no Estatuto da Criança e do Adolescente, a fim de evitar arbitrariedades no procedimento de apuração, garantindo o princípio do devido processo legal, contraditório e ampla defesa.

A fim de facilitar o estudo, vamos dividir o procedimento em subtópicos, em que cada um representa uma etapa ou possível etapa do procedimento de apuração.

7.3.1 Apreensão do adolescente

O adolescente que cometeu ou é suspeito de cometer um ato infracional pode ser apreendido **por força de ordem judicial ou quando se encontra em uma situação de flagrante.**

Como o ECA não define o que é considerado flagrante, deve-se aplicar as lições dispostos no Código de Processo Penal, nos seus arts. 301 a 310.

A depender do motivo da apreensão (ordem judicial ou flagrante), o adolescente será apresentado para diferentes autoridades, vejamos:

Motivo da apreensão	Encaminhamento
Ordem judicial	Apresenta o adolescente para a autoridade judiciária.
Flagrante de ato infracional	Apresenta o adolescente para a autoridade policial.

Deve-se ressaltar que há forte crítica a essa diferença de tratamento que é dado ao adolescente apreendido em flagrante e ao adolescente apreendido por mandado judicial: por que só este último deve ser levado imediatamente à presença de um juiz? Por que o direito à audiência de custódia não é estendido também aos adolescentes apreendidos em flagrante?

Parte da doutrina leciona que essa norma é inconstitucional e também inconvencional. No que tange à inconvencionalidade, fundam-se na observação 10, § 83, do Comitê da ONU sobre o Direito da Criança, que dispõe que o adolescente deverá ser colocado à disposição de uma autoridade competente em um prazo de 24 horas, para que se examine a legalidade de sua privação ou a continuidade desta. Baseiam-se também no art. 7.5 da Convenção Americana sobre Direitos Humanos, que dispõe que a pessoa detida ou retida deve ser conduzida, sem demora, à presença de um juiz ou **outra autoridade autorizada pela lei a exercer funções judiciais**, o que não incluiria a autoridade policial.

Ainda sobre a apreensão, indaga-se: **é possível a apreensão de criança em razão de flagrante de ato infracional?** Sobre a questão, temos duas correntes:

- **1ª corrente:** não é possível a apreensão, tendo em vista que a criança não pode ser submetida à medida socioeducativa, devendo ser feito o seu encaminhamento ao Conselho Tutelar.
- **2ª corrente:** sustenta que a apreensão da criança é possível quando se tratar de delito de maior gravidade, sendo até uma forma de proteger inicialmente a criança.

Atenção!

De acordo com o parágrafo único do art. 172 do ECA, se o adolescente praticou o ato infracional em coautoria com pessoa maior de idade, deve prevalecer a competência da repartição policial especializada para atendimento de adolescente se existir.

Por fim, cumpre registrar que o STJ, por sua 1ª Turma, já determinou que a decisão judicial que impõe à administração pública o restabelecimento do plantão de 24 horas em Delegacia Especializada de Atendimento à Infância e à Juventude não constitui abuso de poder, tampouco extrapola o controle do mérito administrativo pelo Poder Judiciário (REsp 1.612.931/MS, j. 20.06.2017).

7.3.2 Atuação da autoridade policial

Nos termos do art. 173 do ECA, em caso de flagrante de **ato infracional cometido mediante violência ou grave ameaça a pessoa**, a autoridade policial deverá:

a) lavrar auto de apreensão, ouvidos as testemunhas e o adolescente;

b) apreender o produto e os instrumentos da infração;

c) requisitar os exames ou perícias necessárias à comprovação da infração.

No seu parágrafo único, o art. 173 do ECA estabelece que, nas demais hipóteses de flagrante, ou seja, de **ato infracional cometido sem violência ou grave ameaça,** a lavratura do auto de apreensão poderá ser **substituída por boletim de ocorrência substanciada.**

Dessa forma, conclui-se que a única providência que será dispensada para os atos infracionais cometidos sem violência ou grave ameaça a pessoa é a lavratura do auto de apreensão, sendo este substituído pelo boletim de ocorrência substanciado, permanecendo a obrigação de todas as demais.

Tipo de ato infracional	Providência
Ato infracional com violência ou grave ameaça à pessoa	Lavra-se o **auto de apreensão.**
Ato infracional sem violência ou grave ameaça à pessoa	Lavra-se o **boletim de ocorrência substanciado.**

Independentemente de o ato infracional ser praticado com violência ou grave ameaça a pessoa, comparecendo ao local o pai, a mãe ou responsável, o adolescente deverá ser imediatamente liberado e entregue a quem for buscá-lo, mediante termo de compromisso e responsabilidade de bem cuidar do seu destino, para futura apresentação ao Ministério Público, remetendo-se, em seguida, cópia do auto de apreensão ou boletim de ocorrência ao *parquet*.

Entretanto, no caso de constatação de ato infracional grave, associado à repercussão social, para garantia da segurança pessoal do apreendido ou manutenção da ordem pública, é que, **excepcionalmente,** o adolescente não será entregue aos seus pais. Nesse caso, a autoridade policial deverá apresentar o adolescente imediatamente ao membro do Ministério Público, acompanhado de cópia do auto de apreensão ou boletim de ocorrência.

Na hipótese de não ser possível o encaminhamento direto do adolescente ao Ministério Público, deve a autoridade policial direcioná-lo à entidade de atendimento, a quem incumbirá apresentar o adolescente ao Ministério Público.

Conforme o § 1º do art. 175 do Estatuto da Criança e do Adolescente, o encaminhamento do adolescente ao *parquet* pela entidade de atendimento deve ocorrer no prazo de 24 horas.

Se na localidade não houver entidade de atendimento, a apresentação far-se-á pela autoridade policial. Na falta de repartição policial especializada, o adolescente aguardará a apresentação em dependência separada da destinada a maiores, não podendo, em qualquer hipótese, exceder o prazo referido no parágrafo anterior (§ 2º).

Atenção!

O adolescente a quem se atribui autoria de ato infracional não poderá ser conduzido ou transportado em compartimento fechado de veículo policial, em condições atentatórias à sua dignidade, ou que impliquem risco à sua integridade física ou mental, sob pena de responsabilidade.

7.3.3 Apresentação ao Ministério Público

Conforme exposto no subtópico acima, o encaminhamento do adolescente ao Ministério Público pode ser feito por seus pais ou responsável, pela autoridade policial ou por entidade de atendimento, sendo obrigatória a apresentação ao *parquet*.

Em caso de não apresentação, o representante do Ministério Público notificará os pais ou responsável para apresentação do adolescente, podendo requisitar o concurso das polícias civil e militar.

Comparecendo o adolescente ao Ministério Público, este procederá com a **oitiva informal do adolescente.**

A oitiva informal, disposta no art. 179 do ECA, consiste em oportunizar que o membro do Ministério Público escute o adolescente e, sendo possível, seus representantes legais, vítimas e testemunhas, antes de formar a sua convicção sobre a atitude a ser adotada.

Para o STJ (HC 121.733/SP), a ausência de oitiva informal não gera a nulidade da representação se os elementos presentes já bastarem, por si só, à formação do convencimento do magistrado.

Logo, a **oitiva informal é ato privativo do Ministério Público,** tratando-se de um meio de informação direto ao membro do *parquet*, ajudando à formação do seu convencimento. Porém, se o Ministério Público entender que já há indícios suficientes da autoria e materialidade do ato infracional, a oitiva informal pode ser dispensada, já que não é condição de procedibilidade da representação.

Após a realização ou dispensa da oitiva informal, o Ministério Público poderá:

a) requerer o arquivamento dos autos;

b) conceder remissão;

c) apresentar representação;

Vamos ao estudo individualizado de cada uma delas.

7.3.3.1 Arquivamento dos autos

O pedido de arquivamento do processo realizado pelo representante do Ministério Público somente pode ocorrer quando a conclusão do *parquet* for uma dessas:

■ não ocorreu o ato infracional;
■ a ocorrência não configura ato infracional; ou
■ o adolescente não praticou o ato infracional que a ele foi imputado.

7.3.3.2 Remissão

A remissão consiste em um instituto previsto nos arts. 126 a 128 do Estatuto da Criança e do Adolescente, que proporciona o deslinde mais célere do procedimento de apuração do ato infracional. Trata-se de uma forma de implementação pelo ECA da denominada Justiça Restaurativa, oportunidade em que o processo judicial pode ser excluído, suspenso ou extinto, desde que a composição do conflito seja perfectibilizada entre as partes, de forma livre e consensual. **Registra-se ainda que a aceitação da remissão pelo adolescente não importa em reconhecimento de autoria infracional, tampouco prevalece para fins de antecedentes**.

O ECA contempla duas espécies de remissão, em razão do momento em que é concedida, quais sejam:

a) **Remissão pré-processual ou ministerial:** deve ser entendida como uma forma de **exclusão do processo** de apuração do ato infracional, sendo ofertada pelo Ministério Público e homologada pela autoridade judicial, necessitando do prévio consentimento do adolescente e seu representante legal.

b) **Remissão processual/judicial:** ocorre quando o processo de apuração já se iniciou com o oferecimento da representação pelo Ministério Público, sendo concedido pela autoridade judicial, ocasionando **a suspensão ou extinção do processo.**

O instituto da remissão pode ser concedido pela autoridade competente cumulado ou não com medidas socioeducativas diversa da semiliberdade e internação (restritivas da liberdade do adolescente).

Quando a remissão é concedida isoladamente, sem a cominação de qualquer medida socioeducativa, esta é denominada **remissão própria.** Por sua vez, quando concedida acompanhada de alguma medida socioeducativa diversa da internação ou semiliberdade, a remissão será denominada como **imprópria.**

Espécie de remissão	Definição
Remissão pré-processual ou ministerial	Natureza de **exclusão do processo.** Oferecida pelo MP.
Remissão processual ou judicial	Natureza de **extinção ou suspensão** do processo. Oferecida pelo juiz.
Remissão própria	Não é cumulada com medida socioeducativa.
Remissão imprópria	Cumulada com medida socioeducativa diversa da internação e semiliberdade.

Neste momento, como estamos diante da providência a ser adotada pelo Ministério Público, cabe salientar algumas particularidades sobre a remissão pré-processual ou ministerial.

O art. 126, *caput*, da Lei nº 8.069/1990 (ECA) dispõe que, antes de iniciado o procedimento judicial para apuração de ato infracional, o representante do Ministério Público poderá conceder a remissão, como forma de exclusão do processo, atendente às circunstâncias e às consequências do fato, ao contexto social, bem como à personalidade do adolescente e sua maior ou menor participação no ato infracional.

Essa remissão pré-processual é, portanto, atribuição legítima do Ministério Público, como titular da representação por ato infracional e diverge daquela prevista no art. 126, parágrafo único, do ECA, que prevê a concessão da remissão pela autoridade judicial, depois de iniciado o procedimento, como forma de suspensão ou de extinção do processo.

Logo, na remissão ministerial, o juiz, que não é parte do "acordo", não pode oferecer ou alterar a remissão pré-processual, tendo em vista que é prerrogativa do promotor de justiça, como titular da representação por ato infracional, a iniciativa de propor a remissão pré-processual como forma de exclusão do processo, a qual, por expressa previsão do art. 127 do ECA, já declarado constitucional pelo STF (RE 248.018, 2ª T., *DJe* 19.06.2008), pode ser cumulada com medidas socioeducativas em meio aberto.

Caso a autoridade judicial não coadune com os termos da remissão proposta pelo Ministério Público, independentemente de se tratar de uma discordância total ou parcial (REsp 1.392.888/MS), deve-se adotar o procedimento previsto no art. 181, § 2º, do ECA, que determina a remessa dos autos ao Procurador-Geral de Justiça, para que este ratifique ou não os termos da remissão proposta.

7.3.3.3 Representação

A representação nada mais é que a petição inicial da ação socioeducativa, em que o membro Ministério Público dá início a fase judicial de apuração do ato infracional. **O art. 182, § 2º, do ECA prevê que a representação independe de prova pré-constituída da autoria e materialidade.**

Contudo, não é razoável fazer a interpretação literal desse dispositivo. Assim, a representação, embora não dependa de prova pré-constituída nos autos, deve ser embasada em elementos de prova suficientes para lastrear o procedimento.

138　Estatuto da Criança e do Adolescente

A representação será oferecida por petição, que conterá o breve resumo dos fatos e a classificação do ato infracional e, quando necessário, o rol de testemunhas, podendo ser deduzida oralmente, em sessão diária instalada pela autoridade judiciária.

Oferecida a representação, a autoridade judiciária designará audiência de apresentação do adolescente, decidindo, desde logo, sobre a decretação ou manutenção da internação provisória, nos termos do art. 108, do ECA.

7.3.3.4 Audiência de apresentação

A audiência de apresentação é a oportunidade na qual o magistrado terá o primeiro contato com o adolescente, bem como com seus pais ou responsável. Recebida a representação, na mesma decisão, o juiz designa a audiência de apresentação do adolescente, determinando-se a citação deste e de seus pais, dando conhecimento da ação e da obrigação de comparecimento no dia e hora marcados.

Comparecendo o adolescente e seus pais ou responsável, serão estes ouvidos. Para a oitiva do primeiro, deverá ser obedecida todas as formalidades referentes ao interrogatório do réu previstas no Código de Processo Penal.

Após a oitiva do adolescente, bem como prestados os esclarecimentos solicitados pelo Ministério Público e Defesa, o magistrado passará a ouvir os pais ou responsável, podendo solicitar a opinião de um profissional qualificado.

Segundo decidiu a 1ª Turma do STF (HC 107.473/MG), a oitiva do profissional qualificado serve como um auxílio para o juiz, especialmente para avaliar a medida socioeducativa mais adequada, não sendo, contudo, obrigatório. Assim, não há nulidade do processo por falta dessa oitiva técnica, uma vez que se trata de faculdade do magistrado, podendo a decisão ser tomada com base em outros elementos constantes dos autos.

Após a colhida desses depoimentos, o magistrado poderá:

a) após a oitiva do membro do Ministério Público, conceder a remissão judicial;

b) não sendo caso de remissão judicial, designar audiência de continuação, a fim de ouvir as testemunhas arroladas pelo Ministério Público na representação e pela defesa na defesa preliminar.

Por fim, necessário fazer um registro importante. **A audiência de apresentação não é uma espécia de custódia do adolescente.** Perceba que nesse momento processual já é promovido o interrogatório do adolescente, bem como o Ministério Público já tem oferecido a peça inaugural (representação), diferentemente do que ocorre na audiência de custódia, em que, em regra, não há produção probatória e a peça acusatória ainda não foi proposta.

7.3.3.5 *Audiência de continuação*

Na audiência de continuação, o magistrado colherá a prova testemunhal, bem como reunirá os elementos indispensáveis ao julgamento do processo. Serão praticados os seguintes atos:

a) Oitiva das testemunhas arroladas pelo Ministério Público e defesa, observando-se às regras dispostas no Código de Processo Penal.

b) Juntada do relatório da equipe interprofissional, a fim de conferir ao magistrado elementos técnicos para adotar a melhor medida. Ante o princípio do livre convencimento motivado, o juiz não fica adstrito ao parecer da equipe interprofissional.

c) Oportunizar ao Ministério Pública e Defesa o oferecimento de alegações orais, podendo estss serem convertidos em memoriais escritos.

d) Proferir a sentença.

Por fim, cumpre lembrar que, na ação socioeducativa, o STJ entende que **não é cabível a aplicação analógica do Código de Processo Penal para aceitar o instituto do assistente de acusação (HC 190.651)**, tendo em vista o escopo pedagógico do processo socioeducativo.

7.3.3.5.1 Possibilidade de dispensa da audiência de continuação ante a confissão do adolescente

Ante a confissão do adolescente, o magistrado não poderá dispensar a realização da audiência de continuação e já sentenciar o processo, aplicando a medida socioeducativa que entende pertinente.

O juiz pode até, na audiência de apresentação, conceder a remissão judicial e não realizar a audiência de continuação, como uma forma de beneficiar o adolescente, vez que a remissão não importa em reconhecimento de autoria e não pode ser utilizada para efeitos de reincidência.

Todavia, caso deseje sentenciar, aplicando uma medida socioeducativa, o magistado deve designar a audiência de continuação, a fim de proceder com a instrução probatória, sendo tal fato um desdobramento do princípio do devido processo legal e da ampla defesa.

O simples fato de o adolescente confessar não elide o dever de o Ministério Público, que não perde sua condição de *custos legis*, produzir provas e demonstrar a responsabilidade do adolescente. Eventual primazia pela celeridade processual não pode se sobrepor aos princípios constitucionais do contraditório e da ampla defesa, mormente em face do adolescente, pessoa em desenvolvimento a quem se garante proteção integral, com absoluta prioridade, visando a seu melhor interesse. Nesse sentido, inclusive, foi editado o enunciado sumular nº 342, do STJ, *in verbis*:

> Súmula nº 342. No procedimento para aplicação de medida socioeducativa, é nula a desistência de outras provas em face da confissão do adolescente.

7.3.3.6 Sentença

A sentença é a decisão prolatada pelo juiz que fixa a sanção aplicada ao adolescente em razão da prática do ato infracional. Entretanto, o art. 189 do ECA prevê algumas situações em que o juiz não poderá aplicar a sanção, quais sejam:

> I – estar provada a inexistência do fato;
>
> II – não haver prova da existência do fato;
>
> III – não constituir o fato ato infracional;
>
> IV – não existir prova de ter o adolescente concorrido para o ato infracional.

Verificada qualquer das hipóteses acima, se o adolescente estiver internado, será imediatamente colocado em liberdade. Segundo o art. 190 do ECA, a intimação da sentença que aplicar medida de internação ou regime de semiliberdade será feita ao adolescente e ao seu defensor. Quando não for encontrado o adolescente, a seus pais ou responsável, sem prejuízo do defensor.

Contudo, se for outra a medida aplicada, a intimação far-se-á unicamente na pessoa do defensor. De todo modo, recaindo a intimação na pessoa do adolescente, deverá este manifestar se deseja ou não recorrer da sentença.

Ademais, não se pode olvidar que a interposição de recurso de apelação não impede que o adolescente em conflito com a lei inicie o imediato cumprimento da medida socioeducativa de internação que lhe foi imposta na sentença, visto que não é dotada de efeito suspensivo.

Em suma, o adolescente acusado da prática de ato infracional não tem direito de aguardar em liberdade o julgamento da apelação interposta contra a sentença que lhe impôs a medida de internação (STJ, 3ª Seção, HC 346.380/SP, Rel. Min. Maria Thereza de Assis Moura, Rel. para acórdão Min. Rogerio Schietti Cruz, j. 13.04.2016 – Informativo nº 583).

8

Acesso à Justiça da infância e da juventude

8.1 Acesso à Justiça

Para a tutela dos direitos da criança e do adolescente, é necessário que sejam assegurados todos os meios possíveis para que esses direitos sejam efetivamente resguardados. Dentro desses meios está inserido o acesso à Justiça, que se materializa por meio dos diferentes órgãos que o compõem.

Nesse sentido, o art. 141, *caput*, do ECA estipula que é garantido o acesso de toda criança ou adolescente à Defensoria Pública, ao Ministério Público e ao Poder Judiciário, por qualquer de seus órgãos. Referida previsão seria inócua se não fosse garantido o acesso à Justiça de forma gratuita. Por conta disso, o art. 141, § 1º, do ECA garante o acesso à assistência jurídica gratuita aos que dela necessitem.

Além disso, como forma de garantir amplo acesso à Justiça, o § 2º do art. 141 do ECA assegura a isenção de custas e emolumentos nos processos que correm na Justiça da Infância e da Juventude, ressalvados os casos de má-fé.

Frise-se que essa isenção de custas e emolumentos é restrita às crianças e adolescentes que figurem como partes do processo, não albergando outras pessoas que eventualmente possam participar da demanda (AgRg no AREsp 66.306/GO, 1ª T., Rel. Min. Napoleão Nunes Maia Filho, j. 28.03.2017, *DJe* 05.04.2017).

O art. 142 do Estatuto da Criança e do Adolescente estabelece que os menores de 16 anos serão representados e os maiores de 16 e menores de 21 anos assistidos por seus pais, tutores ou curadores, na forma da legislação civil ou processual.

Ocorre que, com a redução da plena capacidade civil de 21 anos para 18 anos, promovida pelo art. 5º do CC/2002, tal dispositivo foi parcialmente revogado, sendo a assistência devida apenas a pessoas entre 16 e 18 anos, ou seja, aos relativamente incapazes.

É atribuição da autoridade judiciária dar curador especial à criança ou adolescente sempre que os interesses destes colidirem com os de seus pais ou responsável ou quando carecer de representação ou assistência legal ainda que eventual. Conforme art. 72 do CPC e art. 4º, XVI, da LC nº 80/94, a curadoria especial será exercida pela Defensoria Pública.

O art. 143 do ECA proíbe a divulgação de atos judiciais, policiais e administrativos que digam respeito a crianças e adolescentes a que se atribua autoria de ato infracional, vedando-se fotografia, referência a nome, apelido, filiação, parentesco, residência e, inclusive, iniciais do nome e sobrenome, sob pena de perfectibilizar a infração administrativa prevista no art. 247 do ECA.

De acordo com o STJ (REsp 1.636.815/DF, j. 05.12.2017), para configurar-se a conduta vedada, é desnecessário verificar a ocorrência concreta de identificação, sendo bastante que a notícia veiculada forneça elementos suficientes para tanto. Dispensa-se, também, que a identificação seja possibilitada ao público em geral, bastando que se permita particularizar o menor por sua comunidade ou família.

No entanto, conforme o disposto no art. 144 do ECA, será possível a expedição de cópia ou certidão de atos relacionados a prática de ato infracional por criança e/ou adolescente, mas deve haver autorização da autoridade judiciária competente, bem como a demonstração do interesse e a justificativa da finalidade.

8.2 Justiça da infância e da juventude

A fim de garantir a necessária especialidade necessária para apreciação das causas que envolvem criança e adolescente, o art. 145 do ECA possibilita que os estados e o Distrito Federal criem varas especializadas e exclusivas da infância e juventude. Dessa forma, é necessário analisar os limites de competência e poderes que o juiz da vara especializada da infância e juventude detém.

8.2.1 Competência

A competência pode ser definida como a medida da jurisdição. Trata-se do poder conferido ao magistrado para o exercício da jurisdição nos limites determinados pela lei. Em relação à **competência territorial**, o art. 147 do ECA estipula que esta será determinada **pelo domicílio dos pais ou responsável** ou pelo **lugar onde se encontra a criança ou adolescente, à falta dos pais ou responsável.**

Esse dispositivo está relacionado com **as demandas não infracionais (não versam sobre apuração de ato infracional),** razão pela qual as ações que não envolvam atos infracionais deverão ser processadas e julgadas no foro do domicílio dos pais ou responsável da criança ou adolescente ou, na ausência destes, no lugar onde se encontre a criança ou adolescente.

Ademais, nas ações conexas que envolvam interesses infantojuvenis, a competência é, em princípio, do foro do domicílio daquele que detém a guarda do infante. Nesse sentido, vejamos a seguinte súmula do STJ:

> Súmula nº 383. A competência para processar e julgar as ações conexas de interesse de menor é, em princípio, do foro do domicílio do detentor de sua guarda.

Ressalte-se que, embora ordinariamente se entenda que a competência territorial é relativa, o STJ (REsp 1.404.036/GO, 3ª T., Rel. Min. Nancy Andrighi, j. 21.02.2017, *DJe* 24.02.2017) tem firmado posicionamento no sentido de que, em matéria de infância e juventude, **a competência territorial é absoluta.**

Demais disso, a competência territorial é regida pelo **princípio do juiz imediato,** segundo o qual o foro competente para apreciar e julgar as medidas, ações e procedimentos que tutelam interesses, direitos e garantias positivados no ECA, é determinado pelo lugar onde a criança ou o adolescente exerce, com regularidade, seu direito à convivência familiar e comunitária (art. 147, I e II, do ECA).

Com relação a competência territorial no âmbito do procedimento de apuração **de ato infracional,** o art. 147, § 1º, do ECA estabelece que será determinada pelo **lugar onde se deu a ação ou omissão.** Isso porque, em tese, tais locais serão onde constarão as provas necessárias para a elucidação do ato.

No caso de infração cometida através de transmissão simultânea de rádio ou televisão, que atinja mais de uma comarca, será competente, para aplicação da penalidade, a autoridade judiciária do local da sede estadual da emissora ou rede, tendo a sentença eficácia para todas as transmissoras ou retransmissoras do respectivo estado (art. 147, § 3º, ECA).

Tipo de demanda	Critério de competência
Não infracional	Domicílio dos pais ou responsáveis; Não havendo pais ou responsáveis, local onde se encontra a criança.
Infracional	Lugar da ação ou omissão.

O art. 148 do ECA estabelece as situações em que a competência será da Vara da Infância e Juventude, dispondo assim sobre os critérios de competência material. Trata-se das seguintes situações:

I – conhecer de representações promovidas pelo Ministério Público, para apuração de ato infracional atribuído a adolescente, aplicando as medidas cabíveis;

II – conceder a remissão, como forma de suspensão ou extinção do processo;

III – conhecer de pedidos de adoção e seus incidentes;

IV – conhecer de ações civis fundadas em interesses individuais, difusos ou coletivos afetos à criança e ao adolescente, observado o disposto no art. 209; [ressalvada a competência da Justiça Federal e dos Tribunais Superiores]

V – conhecer de ações decorrentes de irregularidades em entidades de atendimento, aplicando as medidas cabíveis;

VI – aplicar penalidades administrativas nos casos de infrações contra norma de proteção à criança ou adolescente;

VII – conhecer de casos encaminhados pelo Conselho Tutelar, aplicando as medidas cabíveis.

148 Estatuto da Criança e do Adolescente

Além disso, **quando se tratar de criança ou adolescente nas hipóteses do art.** 98 **(que trata das medidas de proteção à criança e ao adolescente)**, é também competente a Justiça da Infância e da Juventude para:

- conhecer de pedidos de guarda e tutela;
- conhecer de ações de destituição do poder familiar, perda ou modificação da tutela ou guarda;
- suprir a capacidade ou o consentimento para o casamento;
- conhecer de pedidos baseados em discordância paterna ou materna, em relação ao exercício do poder familiar;
- conceder a emancipação, nos termos da lei civil, quando faltarem os pais;
- designar curador especial em casos de apresentação de queixa ou representação, ou de outros procedimentos judiciais ou extrajudiciais em que haja interesses de criança ou adolescente;
- conhecer de ações de alimentos;
- determinar o cancelamento, a retificação e o suprimento dos registros de nascimento e óbito.

Desde logo, cumpre evidenciar que, via de regra, a competência para apreciar as ações acima é da Vara de Família. Todavia, encontrando-se a criança ou adolescente inserido em uma situação de risco ou abandono (art. 98 do ECA), a competência fica a cargo do Juízo da Infância e Juventude.

8.2.2 Portaria e alvará

De acordo com o art. 149 do ECA, compete à autoridade judiciária disciplinar, através de portaria, ou autorizar, mediante alvará:

> I – a **entrada e permanência** de criança ou adolescente, desacompanhado dos pais ou responsável, em:

a) estádio, ginásio e campo desportivo;

b) bailes ou promoções dançantes;

c) boate ou congêneres;

d) casa que explore comercialmente diversões eletrônicas;

e) estúdios cinematográficos, de teatro, rádio e televisão.

II – a **participação** de criança e adolescente em

a) espetáculos públicos e seus ensaios;

b) certames de beleza. (Grifos nossos.)

Ao regular essas situações por meio de portaria ou alvará, a autoridade judiciária considerará, dentre outros fatores:

a) os princípios estabelecidos no ECA;

b) as peculiaridades locais;

c) a existência de instalações adequadas;

d) o tipo de frequência habitual ao local;

e) a adequação do ambiente a eventual participação ou frequência de crianças e adolescentes; e

f) natureza do espetáculo.

Esses critérios servem para que o juiz responsável por editar as referidas medidas não macule os direitos fundamentais das crianças e adolescentes, a exemplo da situação de instituição de toque de recolher, conforme já abordado no Capítulo 2, que trata sobre os direitos fundamentais.

Ademais, as medidas adotadas pela autoridade judiciária deverão ser fundamentadas, caso a caso, de modo que ficam vedadas as determinações de caráter geral, sob pena de usurpar a função do legislativo (art. 149, § 2º, ECA).

150   Estatuto da Criança e do Adolescente

8.3 Sistema recursal do ECA

O sistema recursal dos procedimentos regido pelo Estatuto da Criança e do Adolescente é definido nos arts. 198 e 199. Trata-se de um disciplinamento tímido, trazendo apenas pequenas particularidades, já que há previsão expressa de aplicação do Código de Processo Civil, no âmbito da regulamentação da matéria recursal infantojuvenil.

Assim, na fase recursal, **ainda que se trate de procedimento de apuração de ato infracional**, as normas que serão aplicadas de forma subsidiária serão as que constam no Código de Processo Civil.

Em síntese

Em matéria recursal apenas o CPC **poderá ser aplicado de forma subsidiária**, não havendo que se falar na possibilidade de aplicação do CPP, ainda que se trate de procedimento de apuração de ato infracional.

Passa-se, agora, à análise em subtópicos dos pontos de divergência entre o sistema recursal do ECA e CPC.

8.3.1 Preparo

O preparo é o pagamento das custas indispensável ao processamento do recurso. Sem o referido pagamento, o recurso não será conhecido.

No âmbito dos procedimentos regidos pelo Estatuto ad Criança e do Adolescente, é dispensado o recolhimento de preparo para a interposição de recursos, conforme dispõe o art. 198, I, do ECA.

8.3.2 Prazos

O prazo de interposição de todos os recursos **é de 10 dias**, com exceção dos embargos de declaração, que terá o prazo de **5 dias** conforme o art. 198, II, do ECA. Essa regra difere do previsto no CPC, que unificou os prazos em 15 dias.

A contagem desse prazo recursal também vai ocorrer de forma diferente entre o sistema recursal do ECA e o previsto no CPC. Isso porque, tendo em vista o critério da especialidade, prevalece o disposto no art. 152, § 2º, do ECA, que estipula que são contados **em dias corridos,** excluído o dia do começo e incluído o dia do vencimento, vedado o prazo em dobro para a Fazenda Pública e o Ministério Público.

Atenção!

A previsão trazida pelo CPC/2015, no sentido de contagem dos prazos processuais em dias úteis, não se aplica no âmbito dos procedimentos do ECA.

Outro aspecto acerca do § 2º do art. 152 do ECA, sobre o qual não poderíamos deixar de tecer algumas considerações, é o prazo em dobro nos procedimentos do ECA que, de forma expressa, foi vedado para a Fazenda Pública e o Ministério Público, porém não incluiu nesse rol a Defensoria Pública.

É cediço que, por força dos arts. 44, I, 89, I, e 128, I, todos da LC nº 80/1994, bem como do art. 186 do CPC, a Defensoria Pública goza de prazo em dobro para se manifestar nos autos do processo.

Em razão desses dispositivos, seria, portanto, a Defensoria beneficiária de prazo em dobro nos procedimentos previstos no ECA, já que o referido art. 152, § 2°, foi silente em relação a essa instituição?

Para uma **primeira corrente**, não haveria que se falar em prazo em dobro para a Defensoria Pública, já que macularia o escopo da norma do art. 152, § 2°, do ECA, no sentido de conferir maior celeridade aos procedimentos infantojuvenis.

Para uma **segunda corrente**, houve um silêncio eloquente do legislador, já que, originariamente, o projeto de lei previa a exclusão do prazo em dobro também para a Defensoria Pública e, durante a tramitação, não vigorou a presença expressa da instituição. Demais disso, os adeptos dessa corrente, com a qual me filio, sustentam que o prazo em dobro é uma prerrogativa da Defensoria Pública, que foi conferida por Lei Complementar, não podendo ser suprimido por lei ordinária.

Como a matéria ainda não foi objeto de decisão dos Tribunais Superiores, ainda não é possível indicar um entendimento que prevalece.

8.3.3 Prioridade de tramitação

Conforme estabelece o art. 199-C do ECA, os recursos nos procedimentos de adoção e de destituição de poder familiar, em face da relevância das questões, serão processados com prioridade absoluta, devendo ser imediatamente distribuídos, ficando vedado que aguardem, em qualquer situação, oportuna distribuição, e serão colocados em mesa para julgamento sem a necessidade de revisão (art. 198, III, do ECA) e com parecer urgente do Ministério Público.

Outrossim, para que não reste dúvidas acerca da necessidade de conferir prioridade na tramitação dos recursos apreciados pela Justiça da Infância e da Juventude, o Código de Processo

Civil reiterou essa importância dentro de seu texto, conforme podemos observar com a leitura do art. 1.048, II, do CPC.

8.3.4 Apelação

Como todo o sistema recursal do ECA, a apelação é originariamente regida pelas disposições do CPC. Todavia, há algumas peculiaridades deste recurso no procedimento infantojuvenil que merecem ser objeto de destaque.

■ **Juízo de retração:** o inciso VII do art. 198 do ECA estabelece que, antes de determinar a remessa dos autos à superior instância, no caso de apelação, ou do instrumento, no caso de agravo, a autoridade judiciária proferirá despacho fundamentado, mantendo ou reformando a decisão, no prazo de cinco dias. **Logo, houve previsão da possibilidade de exercício de juízo de retratação para o recurso de apelação.**

■ **Efeitos do recurso:** via de regra, a apelação é recebida com os efeitos suspensivo e devolutivo. No entanto, há duas exceções, quais sejam:

a) **Sentença que defere adoção**: as apelações de sentença de deferimento de adoção são recebidas apenas no efeito devolutivo, tendo a decisão efeitos imediatos, independentemente da proposição de recurso de apelação. No entanto, no caso de adoção internacional ou se houver perigo de dano irreparável ou de difícil reparação ao adotando, a apelação também terá efeito suspensivo (art. 199-A do ECA).

b) **Sentença de destituição do poder familiar:** eventual apelação será recebida apenas no efeito devolutivo (art. 199-B do ECA).

Demais disso, ainda sobre o efeito suspensivo da apelação, embora não seja uma exceção expressamente prevista no ECA, **o STJ entende que o recurso de apelação, no âmbito do procedimento de apuração de ato infracional, será dotado apenas de efeito devolutivo.** Dessa feita, a interposição recursal não impede o imediato cumprimento da medida socioeducativa de internação.

Por fim, insta salientar que o ECA tem previsão expressa no art. 199 de que a apelação é o recurso cabível contra portarias e alvarás.

8.4 Ministério Público

O Ministério Público é instituição permanente e essencial à função jurisdicional, uma vez que exerce o papel de guardião da sociedade e das instituições democráticas, e está disciplinado nos arts. 127 a 130-A da CF.

O art. 201 do ECA traz um **rol exemplificativo** de atribuições do órgão ministerial no âmbito da proteção dos direitos da criança e do adolescente, às quais somam-se as demais elencadas no art. 129 da CF e as previstas na respectiva Lei Orgânica. São elas:

> I – conceder a remissão como forma de exclusão do processo

Trata-se da remissão pré-processual, que é uma prerrogativa do Ministério Público oferecê-la, quando se convencer que é suficiente para os efeitos pedagógicos do procedimento.

Para demais considerações sobre remissão, remetemos o leitor ao capítulo anterior, quando abordamos o procedimento de apuração do ato infracional.

> II – promover e acompanhar os procedimentos relativos às infrações atribuídas a adolescentes

O Ministério Público detém a titularidade da ação socioeducativa.

> III – promover e acompanhar as ações de alimentos e os procedimentos de suspensão e destituição do poder familiar, nomeação e remoção de tutores, curadores e guardiães, bem como oficiar em todos os demais procedimentos da competência da Justiça da Infância e da Juventude

O Ministério Público é parte legítima para a propositura de ação de alimentos em favor de criança ou adolescente, independente do exercício do poder familiar dos pais.

> Súmula nº 594. O Ministério Público tem legitimidade ativa para ajuizar ação de alimentos em proveito de criança ou adolescente independentemente do exercício do poder familiar dos pais, ou do fato de o menor se encontrar nas situações de risco descritas no art. 98 do Estatuto da Criança e do Adolescente, ou de quaisquer outros questionamentos acerca da existência ou eficiência da Defensoria Pública na comarca.

Importante salientar que, muito embora o Ministério Público tenha legitimidade para instaurar procedimentos para a nomeação de tutores e guardiães, **não a tem para instaurar procedimentos para colocação de criança ou adolescente em adoção**, em virtude do seu caráter personalíssimo.

> IV – promover, de ofício ou por solicitação dos interessados, a especialização e a inscrição de hipoteca legal e a prestação de contas dos tutores, curadores e quaisquer administradores de bens de crianças e adolescentes nas hipóteses do art. 98 [situação de risco]

Embora inicialmente possa se pensar que essas demandas versam sobre direitos disponíveis (patrimonial), por envolver criança ou adolescente em situação de risco, é necessária a intervenção do Ministério Público, seja como autor ou *custos legis*.

V – promover o inquérito civil e a ação civil pública para a proteção dos interesses individuais, difusos ou coletivos relativos à infância e à adolescência

A legitimidade na ação civil pública para promover a tutela de direitos coletivos de crianças e adolescentes não é hipótese de representação processual, mas sim de substituição, pois o Ministério Público vai a juízo em nome próprio na defesa de direito das crianças e adolescentes.

VI – instaurar procedimentos administrativos e, para instruí-los:

a) expedir notificações para colher depoimentos ou esclarecimentos e, em caso de não comparecimento injustificado, requisitar condução coercitiva, inclusive pela polícia civil ou militar;

b) requisitar informações, exames, perícias e documentos de autoridades municipais, estaduais e federais, da administração direta ou indireta, bem como promover inspeções e diligências investigatórias;

c) requisitar informações e documentos a particulares e instituições privadas;

VII – instaurar sindicâncias, requisitar diligências investigatórias e determinar a instauração de inquérito policial, para apuração de ilícitos ou infrações às normas de proteção à infância e à juventude

É reconhecida a possibilidade de o MP realizar, diretamente, investigação acerca da prática de crimes contra crianças e adolescentes, por meio de sindicância, sem a necessidade de acionamento da polícia judiciária, sendo pacífico o entendimento de que o Ministério Público não necessita de inquérito policial para instaurar ação penal (STF, 2ª T, HC 82.865/GO, Rel. Min. Nelson Jobim, j. 14.10.2003).

> VIII – zelar pelo efetivo respeito aos direitos e garantias legais assegurados às crianças e adolescentes, promovendo as medidas judiciais e extrajudiciais cabíveis

Trata-se de decorrência natural do princípio da proteção integral à criança e ao adolescente.

> IX – impetrar mandado de segurança, de injunção e *habeas corpus*, em qualquer juízo, instância ou tribunal, na defesa dos interesses sociais e individuais indisponíveis afetos à criança e ao adolescente

Mais uma vez, o ECA reforça a atuação coletiva e individual do Ministério Público, possibilitando a utilização dos remédios constitucionais em prol da criança e do adolescente.

> X – representar ao juízo visando à aplicação de penalidade por infrações cometidas contra as normas de proteção à infância e à juventude, sem prejuízo da promoção da responsabilidade civil e penal do infrator, quando cabível

É atribuição do MP promover a representação em face de entidade governamental ou qualquer outra pessoa, visando a aplicação de penalidade (inciso X), as quais estão previstas nos arts. 97, 191 a 193 e 194 a 197 c/c 245 a 258, do ECA.

158   Estatuto da Criança e do Adolescente

> XI – inspecionar as entidades públicas e particulares de atendimento e os programas de que trata esta Lei, adotando de pronto as medidas administrativas ou judiciais necessárias à remoção de irregularidades porventura verificadas

Trata-se da atribuição do MP de inspecionar as entidades públicas e particulares que promovem programas de atendimento, tendo por objetivo zelar pela regular execução da assistência à criança e adolescente.

> XII – requisitar força policial, bem como a colaboração dos serviços médicos, hospitalares, educacionais e de assistência social, públicos ou privados, para o desempenho de suas atribuições

Tem-se, como exemplo dessa atribuição, o disposto no art. 179, parágrafo único, do ECA, que estipula que, em caso de não apresentação do adolescente a quem seja imputado ato infracional, o representante do Ministério Público notificará os pais ou responsável para apresentação do adolescente, podendo requisitar o concurso das polícias civil e militar.

Para o exercício das atribuições acima descritas, é garantido o livre acesso do Ministério Público aos locais onde se encontram as crianças e adolescentes.

Ademais, a atuação do membro do Ministério Público é **obrigatória** nos processos perante a Justiça da Infância e da Juventude. O membro do MP deve atuar nesses processos, sob pena de nulidade absoluta.

8.5 Advocacia

O advogado é, nos termos do art. 133 da Constituição Federal, indispensável à administração da justiça.

No Estatuto da Criança e do Adolescente, a advocacia está tratada nos arts. 206 e 207, estabelecendo que a criança ou o adolescente, seus pais ou responsável, e qualquer pessoa que tenha legítimo interesse na solução da lide poderão intervir nos procedimentos de que trata esta Lei, através de advogado, o qual será intimado para todos os atos, pessoalmente ou por publicação oficial, respeitado o segredo de justiça.

Quando a criança ou adolescente não tiver condições financeiras de arcar com advogado, deve ser garantida a assistência jurídica integral e gratuita, mister exercido pela Defensoria Pública, porém, em locais em que a instituição ainda não existe, é permitida a nomeação de advogado dativo para representar os interesses da criança ou adolescente.

8.6 Defensoria Pública

A Defensoria Pública possui forte atuação na defesa dos direitos da criança e do adolescente, motivo pelo qual, apesar de não haver um capítulo destinado exclusivamente a essa instituição, é imperioso tecermos comentários sobre esta, tendo em vista, também, que a DP é mencionada diversas vezes no ECA, bem como a LC nº 80/1994 dispõe acerca da atuação da Defensoria Pública em relação às crianças e adolescentes.

O **art. 4º, XI, da LC nº 80/1994** prevê como função institucional da Defensoria Pública "**exercer a defesa dos interesses individuais e coletivos da criança e do adolescente**, do idoso, da pessoa portadora de necessidades especiais, da mulher vítima de violência doméstica e familiar e de outros grupos sociais vulneráveis que mereçam proteção especial do Estado" (grifos nossos).

O dispositivo *supra* reflete a preocupação constitucional de garantir a especial tutela das pessoas naturalmente frágeis,

160   Estatuto da Criança e do Adolescente

devendo ser assegurada a todos igualdade de respeito e consideração, atuando a Defensoria Pública como instrumento para atingir esse direito fundamental.

Essa atuação não está relacionada à hipossuficiência dos assistidos em condições de vulnerabilidade, sendo esta uma função institucional atípica.

No âmbito do ECA, o art. 141 consagra o direito de acesso da criança e do adolescente à Defensoria Pública, sendo certo que, por meio de defensor público ou, na falta deste, de advogado nomeado será oferecida assistência judiciária gratuita aos que dela necessitarem.

8.7 Proteção judicial dos interesses individuais, difusos e coletivos

---

A tutela judicial de direitos individuais e coletivos refere-se aos casos de lesão ou ameaça de lesão aos direitos das crianças e adolescentes. Trata-se de intervenção do Poder Judiciário como forma de garantir a plena efetivação dos direitos da criança e do adolescente, proporcionando, de maneira concreta, a proteção integral infantojuvenil.

O art. 209 do ECA dispõe acerca da competência para a propositura das ações, estabelecendo que esta será definida em razão do **local onde surgir a lesão ou ameaça de lesão** ao direito da criança e do adolescente.

Embora se trate de uma competência territorial, trata-se de um **critério de competência absoluta**, ressalvadas as competências originárias da Justiça Federal e a originária dos Tribunais Superiores.

O art. 210 do ECA estabelece os legitimados para a tutela coletiva dos direitos da criança e adolescente, quais sejam:

a) Ministério Público;

b) a União, os estados, os municípios, o Distrito Federal e os territórios;

c) as associações legalmente constituídas há pelo menos um ano e que incluam entre seus fins institucionais a defesa dos interesses e direitos protegidos por esta Lei, dispensada a autorização da assembleia, se houver prévia autorização estatutária.

Em relação à Defensoria Pública, apesar de o Estatuto não prever expressamente sua legitimação para a tutela de direitos coletivos, há aplicação subsidiária da lei de Ação Civil Pública (Lei nº 7.347/1985), que prevê a Defensoria Pública no rol de legitimados.

Observação

A tutela dos direitos das crianças e adolescentes pode ser feita de forma individual através de demanda movida por ele próprio (assistido ou representado), patrocinado pela Defensoria Pública ou por advogado particular e, excepcionalmente, pelo MP.

Em caso de desistência ou abandono da ação por associação legitimada, o Ministério Público ou outro legitimado poderá assumir a titularidade ativa. Além disso, os órgãos públicos legitimados poderão tomar dos interessados compromisso de ajustamento de sua conduta às exigências legais, o qual terá eficácia de título executivo extrajudicial.

O art. 212 do ECA dispõe que, para a defesa dos direitos e interesses resguardados pelo ECA, são admissíveis todas as espécies de ações pertinentes, visto que é necessário ampliar os instrumentos existentes para albergar a tutela da criança e adolescente.

Nos termos do art. 212, § 2°, do ECA, contra atos ilegais ou abusivos de autoridade pública ou agente de pessoa jurídica no exercício de atribuições do Poder Público, que lesem direito líquido e certo previsto no ECA, caberá ação mandamental, que se regerá pelas normas da Lei do Mandado de Segurança.

Frise-se que a ação mandamental prevista no ECA ampliou o rol de legitimados ativos (os do art. 210), mas não se confunde com o mandado de segurança, pois não é aplicável o prazo decadencial de 120 dias para a propositura da ação.

Na ação que tenha por objeto o cumprimento de obrigação de fazer ou não fazer, o juiz concederá a tutela específica da obrigação ou determinará providências que assegurem o resultado prático equivalente ao do adimplemento.

Importante mencionar que as ações de obrigação de fazer ou não fazer, quando manejadas contra o Poder Público, devem ser acompanhadas de ações de responsabilidade em face dos agentes públicos que praticaram a ação ou omissão lesiva aos interesses da criança ou adolescente.

Se for relevante o fundamento da demanda e havendo justificado receio de ineficácia do provimento final, é lícito ao juiz conceder a tutela liminarmente ou após justificação prévia, citando o réu. Sendo possível, ainda, **impor multa diária ao réu**, independentemente de pedido do autor, se for suficiente ou compatível com a obrigação, fixando prazo razoável para o cumprimento do preceito.

A multa só será exigível do réu após o trânsito em julgado da sentença favorável ao autor e será devida desde o dia em que se houver configurado o descumprimento.

Os valores das multas serão revertidos ao fundo gerido pelo Conselho dos Direitos da Criança e do Adolescente do respectivo município (ECA, art. 214, *caput*). Vale lembrar que as multas administrativas possuem **prazo prescricional de 5 anos**.

As multas não recolhidas até 30 dias após o trânsito em julgado da decisão serão exigidas através de execução promovida pelo Ministério Público, nos mesmos autos, facultada igual iniciativa aos demais legitimados (ECA, art. 214, § 1°).

Quanto ao fundo especial previsto no art. 214, § 2°, do ECA, tem-se que este deve ser criado por lei e ser regulamentado por decreto, se necessário, sendo absolutamente inadmissível que, enquanto não regulamentado o Fundo, a autoridade judiciária dê aos valores provenientes de multas administrativas destino diverso da preconizada em lei. Enquanto o fundo não for regulamentado, o dinheiro ficará depositado em estabelecimento oficial de crédito, em conta com correção monetária.

Ademais, o juiz poderá conferir efeito suspensivo aos recursos, para evitar dano irreparável à parte, conforme dispõe o art. 215 do ECA.

Segundo o art. 216 do ECA, transitada em julgado a sentença que impuser condenação ao Poder Público, o juiz determinará a remessa de peças à autoridade competente, para apuração da responsabilidade civil e administrativa do agente a que se atribua a ação ou omissão.

Saliente-se que a responsabilidade é pessoal, recaindo diretamente sobre o agente público omisso, sem prejuízo da condenação do ente público na obrigação de fazer/não fazer.

Entretanto, se decorridos 60 dias do trânsito em julgado da sentença condenatória sem que a associação autora lhe promova a execução, deverá fazê-lo o Ministério Público, facultada igual iniciativa aos demais legitimados (ECA, art. 217).

O art. 217 do ECA evidencia o interesse público na efetivação dos direitos infanto-juvenis, que, uma vez obtida a condenação, não pode eventual desídia da associação autora prejudicar os verdadeiros destinatários do provimento judicial.

Se, no exercício de suas funções, os juízos e tribunais tiverem conhecimento de fatos que possam ensejar a propositura de ação civil, remeterão peças ao Ministério Público para as providências cabíveis (ECA, art. 221).

Para instruir a petição inicial, o interessado poderá requerer às autoridades competentes as certidões e informações que julgar necessárias, que serão fornecidas no prazo de 15 dias (ECA, art. 222).

O Ministério Público poderá instaurar, sob sua presidência, inquérito civil, ou requisitar, de qualquer pessoa, organismo público ou particular, certidões, informações, exames ou perícias, no prazo que assinalar, o qual não poderá ser inferior a 10 dias úteis (ECA, art. 223, *caput*).

Se o órgão do Ministério Público, esgotadas todas as diligências, se convencer da inexistência de fundamento para a propositura da ação cível, promoverá o arquivamento dos autos do inquérito civil ou das peças informativas, fazendo-o fundamentadamente (ECA, art. 223, § 1º).

Os autos do inquérito civil ou as peças de informação arquivados serão remetidos, sob pena de se incorrer em falta grave, no prazo de 3 dias, ao Conselho Superior do Ministério Público (ECA, art. 223, § 2º).

Até que seja homologada ou rejeitada a promoção de arquivamento, em sessão do Conselho Superior do Ministério Público, poderão as associações legitimadas apresentar razões escritas ou documentos, que serão juntados aos autos do inquérito ou anexados às peças de informação (ECA, art. 223, § 3°).

A promoção de arquivamento será submetida a exame e deliberação do Conselho Superior do Ministério Público, conforme dispuser o seu regimento (ECA, art. 223, § 4°).

Atenção!

Em caso de o Conselho Superior deixar de homologar a promoção de arquivamento, designará, desde logo, outro órgão do Ministério Público para o ajuizamento da ação (ECA, art. 223, § 5°).

9

Dos crimes

9.1 Noções gerais

O legislador não definiu tipos penais específicos passíveis de ser cometidos pelas crianças e adolescentes, tendo optado pela técnica da **tipicidade delegada**. As condutas criminalizadas no ECA **tutelam os direitos das crianças e dos adolescentes**.

As regras processuais existentes no ECA se aplicam à apuração de ato infracional praticado por criança ou adolescente e não devem ser utilizadas para os crimes praticados por pessoas maiores de 18 anos de idade contra crianças ou adolescentes. Os crimes previstos no ECA devem observar as regras processuais do Código de Processo Penal, conforme estabelece o art. 226 do ECA.

Admite-se também a **aplicação subsidiária do Código Penal**, visto que o ECA apenas tipifica as condutas, mas as condições de tentativa, as agravantes e atenuantes, as causas de aumento e diminuição e as excludentes de tipicidade, por exemplo, são previstas na Parte Geral do Código Penal.

Logo, os arts. 228 a 244-B devem ser entendidas como uma legislação penal especial, que tipifica condutas que serão consideradas crimes, tendo por sujeito passivo a criança e/ou adolescente.

Consoante expressa disposição do art. 227 do ECA, os crimes previstos no Estatuto da Criança e do Adolescente são de **ação penal pública incondicionada**. Desse modo, o titular da ação penal é o Ministério Público, não sendo necessário o oferecimento de representação por parte da vítima para se iniciar a persecução penal.

Porém, permite-se a propositura de ação privada subsidiária da pública na hipótese de o Ministério Público se quedar inerte ante a notícia do fato típico e não atuar dentro do prazo legal.

Passa-se agora a análise dos crimes em espécie. No entanto, tendo em vista o objetivo desta obra, far-se-á breves comentários sobre as figuras típicas previstas no ECA.

9.2 Crimes em espécie

Art. 228. **Deixar** o encarregado de serviço ou o dirigente de estabelecimento de atenção à saúde de gestante **de manter registro das atividades desenvolvidas**, na forma e prazo referidos no art. 10 desta Lei, bem como **de fornecer** à parturiente ou a seu responsável, por ocasião da alta médica, **declaração de nascimento**, onde constem as intercorrências do parto e do desenvolvimento do neonato:

Pena – detenção de seis meses a dois anos.

Parágrafo único. Se o crime é culposo:

Pena – detenção de dois a seis meses, ou multa. (Grifos nossos.)

O crime *supra* é decorrência do descumprimento do art. 10, I e IV, o qual traz obrigações impostas aos estabelecimentos de atenção à saúde de gestantes, públicos e particulares, cujo descumprimento pode trazer consequências, vejamos:

> Art. 10. Os hospitais e demais estabelecimentos de atenção à saúde de gestantes, públicos e particulares, são obrigados a:
>
> I – manter **registro das atividades desenvolvidas**, através de prontuários individuais, pelo prazo de dezoito anos;
>
> (...)
>
> IV – fornecer declaração de nascimento onde constem necessariamente as intercorrências do parto e do desenvolvimento do neonato; (Grifos nossos.)

Note-se que a omissão do registro caracteriza o crime previsto no art. 228 ora estudado.

Em relação à declaração de nascimento, a qual serve de base ao registro da criança, tem-se que deverá ser fornecida gratuitamente, independentemente de haver débito no estabelecimento, sendo esta uma garantia constitucional.

Ademais, a doutrina classifica esse crime em: crime próprio, omissivo próprio, de mera conduta, de perigo, doloso ou culposo e de menor potencial ofensivo.

Se o crime é praticado com culpa (negligência, imprudência ou imperícia) a pena é menor que aquele que age com dolo de lesar o bem jurídico tutelado.

> Art. 229. Deixar o médico, enfermeiro ou dirigente de estabelecimento de atenção à saúde de gestante de identificar corretamente o neonato e a parturiente, por ocasião

do parto, bem como deixar de proceder aos exames referidos no art. 10 desta Lei:

Pena – detenção de seis meses a dois anos.

Parágrafo único. Se o crime é culposo:

Pena – detenção de dois a seis meses, ou multa.

Vejamos o que dispõe o art. 10 do ECA:

Art. 10. Os hospitais e demais estabelecimentos de atenção à saúde de gestantes, públicos e particulares, são obrigados a:

(...)

II – identificar o recém-nascido mediante o registro de sua impressão plantar e digital e da impressão digital da mãe, sem prejuízo de outras formas normatizadas pela autoridade administrativa competente;

III – proceder a exames visando ao diagnóstico e terapêutica de anormalidades no metabolismo do recém-nascido, bem como prestar orientação aos pais;

Note-se que o inciso II do art. 10 do ECA prevê como obrigação a correta identificação do recém-nascido, adotando-se procedimentos específicos, como forma de impedir a ocorrência de "troca de bebês" ou mesmo a subtração de incapazes nos estabelecimentos de atenção à saúde.

Além disso, o inciso III impõe como obrigação dos referidos estabelecimentos a realização de alguns exames, cujo descumprimento resulta no crime previsto na segunda parte do art. 229, trata-se do "teste do pezinho", do "teste da orelhinha", entre outros.

Segundo a doutrina, esse crime do art. 229 é crime próprio, omissivo próprio, de mera conduta, de perigo, doloso ou culposo e de menor potencial ofensivo. As mesmas observações feitas ao crime anterior valem para este.

> Art. 230. Privar a criança ou o adolescente de sua liberdade, procedendo à sua apreensão sem estar em flagrante de ato infracional ou inexistindo ordem escrita da autoridade judiciária competente:
>
> Pena – detenção de seis meses a dois anos.
>
> Parágrafo único. Incide na mesma pena aquele que procede à apreensão sem observância das formalidades legais.

A criança ou o adolescente somente pode ser apreendido em razão de ordem judicial determinando a sua apreensão ou em razão de flagrante de prática de ato infracional. Essas são as hipóteses legais que autorizam que a criança ou o adolescente seja, temporariamente, privado de sua liberdade. Se não for o caso de qualquer dessas situações, então estaremos diante do fato típico previsto no art. 230 do ECA.

Em relação ao parágrafo único, restará caracterizado o crime quando, por exemplo, o adolescente não for informado de seus direitos constitucionais (inclusive o de permanecer calado), ou quando não for lavrado auto de apreensão em flagrante ou boletim de ocorrência circunstanciado.

A doutrina classifica esse crime em: comum, comissivo, doloso, permanente, de mera conduta e de menor potencial ofensivo. Demais disso, essa figura típica admite a prática na modalidade tentada.

> Art. 231. Deixar a autoridade policial responsável pela apreensão de criança ou adolescente de fazer imediata comunicação à autoridade judiciária competente e à família

do apreendido ou à pessoa por ele indicada:

Pena – detenção de seis meses a dois anos.

Esse crime tem estreita ligação com o art. 100, parágrafo único, IX, do ECA, que impõe que a comunicação da apreensão à autoridade judiciária, à família do apreendido ou, na falta desta, à pessoa por ele indicada deve ser efetuada *incontinenti*, ou seja, no exato momento em que o adolescente apreendido dá entrada na repartição policial, devendo ser a lavratura do auto de apreensão em flagrante ou boletim de ocorrência circunstanciado efetuada na presença dos pais ou responsável pelo adolescente, que na sequência já irão, em regra, receber o adolescente liberado, firmando termo de compromisso de apresentação do adolescente ao representante do MP, na forma do disposto no art. 174 do ECA.

A doutrina classifica esse crime em próprio, omissivo próprio, de mera conduta, de perigo, doloso e de menor potencial ofensivo.

> Art. 232. Submeter criança ou adolescente sob sua autoridade, guarda ou vigilância a vexame ou a constrangimento:
>
> Pena – detenção de seis meses a dois anos.

O tipo penal em tela tem por objetivo zelar pela honra objetiva da criança ou do adolescente. Segundo a doutrina, trata-se de crime próprio, material, doloso, instantâneo e de menor potencial ofensivo.

Classifica-se como próprio porque somente pode praticá-lo aquele que exerce autoridade sobre a criança ou adolescente ou que detém a sua guarda ou que possui o dever de vigilância. O dispositivo abrange toda e qualquer situação em que um adulto se coloca na posição de "autoridade" e/ou de "cuidador" de uma criança ou adolescente, como é caso do policial quando da apreensão de criança ou adolescente em flagrante de ato infracional, o professor ou diretor da escola onde a criança estuda etc.

> Art. 234. Deixar a autoridade competente, sem justa causa, de ordenar a imediata liberação de criança ou adolescente, tão logo tenha conhecimento da ilegalidade da apreensão:
>
> Pena – detenção de seis meses a dois anos.

Inicialmente, tem-se que o art. 5º, LXI, da CF prevê que "ninguém será preso senão em flagrante delito ou por ordem escrita e fundamentada de autoridade judiciária competente, salvo nos casos de transgressão militar ou crime propriamente militar, definidos em lei", sendo este um direito fundamental inerente à pessoa humana.

Em consonância com o art. 5º, LXI, da CF, o ECA traz o art. 106, *caput*, dispondo este que "nenhum adolescente será privado de sua liberdade senão em flagrante de ato infracional ou por ordem escrita e fundamentada da autoridade judiciária competente", sendo este um direito individual da criança e do adolescente, os quais gozam de todos os direitos fundamentais inerentes à pessoa humana.

Além disso, o art. 107 do ECA impõe que, após a apreensão do adolescente, deve-se examinar, desde logo, a possibilidade de liberação imediata, sob pena de responsabilidade, tendo em vista que ao adolescente deve ser assegurado, com a mais absoluta prioridade, seu direito à liberdade, que somente poderá ser cerceado em situações extremas, após comprovada a necessidade imperiosa de sua contenção.

174 Estatuto da Criança e do Adolescente

Ademais, importa mencionar também o art. 174 do ECA, segundo o qual, não sendo o caso de manutenção da internação do adolescente, o comparecimento dos pais ou responsável autoriza a sua liberação pela autoridade policial, mediante assinatura de termo de compromisso a ser apresentado ao Ministério Público. Assim, tem-se que a regra é a liberação do adolescente, para que este responda pelo ato infracional em liberdade, a qual não depende do pagamento de fiança.

Desse modo, tem-se que o art. 234 visa a responsabilizar criminalmente a autoridade policial que não atenda às prescrições acima.

A doutrina classifica esse crime em próprio, omissivo próprio, de mera conduta, de perigo, doloso e de menor potencial ofensivo.

> Art. 235. Descumprir, injustificadamente, prazo fixado nesta Lei em benefício de adolescente privado de liberdade:
>
> Pena – detenção de seis meses a dois anos.

O ECA traz prazos de tramitação dos processos, bem como prazos de internação, cujos descumprimentos resultam na prática do crime previsto no art. 235 *supra*. Esses prazos são computados do dia em que o adolescente é apreendido, não podendo ser dilatados ou prorrogados em hipótese alguma.

A doutrina classifica esse crime em próprio, omissivo próprio, de mera conduta, doloso, não admite tentativa, de menor potencial ofensivo.

O art. 227-A do ECA, acrescentado pela Lei nº 13.869/2019 (Nova Lei de Abuso de Autoridade), aplica-se aos crimes dos arts. 231 a 235, de forma que a perda do cargo, mandato ou função do servidor público que praticou o ato fica condicionada à ocorrência de reincidência e independe da pena (parágrafo único).

> Art. 236. Impedir ou embaraçar a ação de autoridade judiciária, membro do Conselho Tutelar ou representante do Ministério Público no exercício de função prevista nesta Lei:
>
> Pena – detenção de seis meses a dois anos.

Constitui o crime em comento impedir ou embaraçar a ação tanto da autoridade judiciária quanto de membro do Conselho Tutelar, o que reafirma o *status* de autoridade pública e a importância que este possui. Isso acaba por reforçar a perspectiva de "desjudicializar", aperfeiçoar e agilizar o atendimento à criança e ao adolescente.

A doutrina classifica esse crime como crime comum, material ou formal, doloso e de menor potencial ofensivo.

O crime será material quando a conduta do agente consistir em impedir a ação de autoridade judiciária, membro do Conselho Tutelar ou representante do Ministério Público. Mas, se em vez disso, o agente atua de modo a embaraçar a ação dessas autoridades, então o crime é formal.

> Art. 237. Subtrair criança ou adolescente ao poder de quem o tem sob sua guarda em virtude de lei ou ordem judicial, com o fim de colocação em lar substituto:
>
> Pena – reclusão de dois a seis anos, e multa.

Segundo a doutrina, esse crime se classifica em comum, material, comissivo, doloso, instantâneo.

Cumpre registrar também que para caracterização desse tipo penal é necessária a presença de dolo específico, ou seja,

176 Estatuto da Criança e do Adolescente

a subtração da criança ou adolescente deve ter por objetivo a colocação em lar substituto.

> Art. 238. Prometer ou efetivar a entrega de filho ou pupilo a terceiro, mediante paga ou recompensa:
>
> Pena – reclusão de um a quatro anos, e multa.
>
> Parágrafo único. Incide nas mesmas penas quem oferece ou efetiva a paga ou recompensa.

O tipo penal previsto no *caput* do art. 238 prevê uma conduta cujo sujeito ativo é próprio, visto que apenas o responsável legal pode ser sujeito ativo da figura típica descrita. O tipo penal apresenta ainda dois núcleos, quais seja: "prometer" e "efetivar". Quando se trata da conduta de prometer, o crime é formal, não exigindo a concretização do resultado naturalístico.

Por sua vez, quando se tratar da conduta de efetivar a entrega, tem-se um crime material, pois o crime só se consuma com a efetiva entrega do filho ou pupilo a terceiro, mediante paga ou recompensa.

Diferentemente do *caput*, a conduta típica prevista no parágrafo único trata-se de crime comum, já que não exige nenhuma condição especial do sujeito ativo.

A classificação doutrinária desse crime é: próprio (*caput*) e comum (parágrafo único), comissivo, doloso, instantâneo, formal ("prometer" e "oferecer") e material ("efetivar").

> Art. 239. Promover ou auxiliar a efetivação de ato destinado ao envio de criança ou adolescente para o exterior com inobservância das formalidades legais ou com o fito de obter lucro:
>
> Pena – reclusão de quatro a seis anos, e multa.

Parágrafo único. Se há emprego de violência, grave ameaça ou fraude: (Incluído pela Lei nº 10.764, de 12.11.2003.)

Pena – reclusão, de 6 (seis) a 8 (oito) anos, além da pena correspondente à violência.

Segundo a doutrina, esse crime é comum, de mera conduta, doloso e instantâneo. Pune-se a conduta de promover (executar; impulsionar) ou auxiliar (ajudar; facilitar) o envio de criança ou adolescente ao exterior sem observância das formalidades legais, que estão previstas no ECA e em Tratados Internacionais.

É possível ainda a configuração do delito, ainda que tenha sido observadas as formalidades legais, desde que haja intenção de lucro com o envio da criança e/ou adolescente.

Art. 240. Produzir, reproduzir, dirigir, fotografar, filmar ou registrar, por qualquer meio, cena de sexo explícito ou pornográfica, envolvendo criança ou adolescente:

Pena – reclusão, de 4 (quatro) a 8 (oito) anos, e multa. (Redação dada pela Lei nº 11.829, de 2008.)

§ 1º Incorre nas mesmas penas quem agencia, facilita, recruta, coage, ou de qualquer modo intermedeia a participação de criança ou adolescente nas cenas referidas no *caput* deste artigo, ou ainda quem com esses contracena. (Redação dada pela Lei nº 11.829, de 2008.)

§ 2º Aumenta-se a pena de 1/3 (um terço) se o agente comete o crime:

I – no exercício de cargo ou função pública ou a pretexto de exercê-la;

II – prevalecendo-se de relações domésticas, de coabitação ou de hospitalidade; ou

III – prevalecendo-se de relações de parentesco consanguíneo ou afim até o terceiro grau, ou por adoção, de tutor, curador, preceptor, empregador da vítima ou de quem, a qualquer outro título, tenha autoridade sobre ela, ou com seu consentimento.

A doutrina classifica esse crime em comum, de mera conduta, doloso, comissivo e instantâneo. Em qualquer caso, a eventual anuência da vítima e/ou o fato de já ter se envolvido em situações similares no passado é absolutamente irrelevante para caracterização do crime.

A lei pune de forma mais severa aqueles que, prevalecendo-se de sua função ou da relação de parentesco ou proximidade com a criança ou adolescente, a induz à prática das condutas que o dispositivo visa coibir.

Para a sua consumação, não se exige que tenha havido conjunção carnal com a criança ou o adolescente. O simples ato de fotografar a criança ou adolescente em cena de sexo explícito ou pornográfica já caracteriza o crime em comento.

> Art. 241. Vender ou expor à venda fotografia, vídeo ou outro registro que contenha cena de sexo explícito ou pornográfica envolvendo criança ou adolescente:
>
> Pena – reclusão, de 4 (quatro) a 8 (oito) anos, e multa.

A doutrina classifica esse crime em comum, de mera conduta, doloso e comissivo. Conforme decidido pelo STF em sede repercussão geral (Plenário, RE 628.624/MG, Rel. Orig. Min. Marco Aurélio, Red. p/ o acórdão Min. Edson Fachin, j. 28 e 29.10.2015), **compete à Justiça Federal processar e julgar os crimes consistentes em disponibilizar ou adquirir material pornográfico envolvendo criança ou adolescente, quando praticados por meio da rede mundial de computadores.**

Por fim, é imperioso salientar que o Superior Tribunal de Justiça (REsp 1.543.267/SC, 6ª T., Rel. Min. Maria Thereza de Assis Moura, j. 03.12.2015, *DJe* 16.02.2016) decidiu que se deve entender por "pornografia infantil" a mera imagem de crianças em posições sensuais, ainda que sem mostrar seus órgãos sexuais.

Dessa maneira, se a criança aparece em fotos ou vídeos em posições de sensualidade ou em circunstâncias de sensualidade, temos aqui também um fato típico, pois não é necessária a nudez para a configuração do crime.

> Art. 241-A. Oferecer, trocar, disponibilizar, transmitir, distribuir, publicar ou divulgar por qualquer meio, inclusive por meio de sistema de informática ou telemático, fotografia, vídeo ou outro registro que contenha cena de sexo explícito ou pornográfica envolvendo criança ou adolescente:
>
> Pena – reclusão, de 3 (três) a 6 (seis) anos, e multa.
>
> § 1º Nas mesmas penas incorre quem:
>
> I – assegura os meios ou serviços para o armazenamento das fotografias, cenas ou imagens de que trata o *caput* deste artigo;
>
> II – assegura, por qualquer meio, o acesso por rede de computadores às fotografias, cenas ou imagens de que trata o *caput* deste artigo.
>
> § 2º As condutas tipificadas nos incisos I e II do § 1º deste artigo são puníveis quando o responsável legal pela prestação do serviço, oficialmente notificado, deixa de desabilitar o acesso ao conteúdo ilícito de que trata o *caput* deste artigo.

A doutrina classifica esse crime em comum, doloso, de mera conduta e comissivo. Insta registrar que também se aplica a este crime o entendimento do STJ já ventilado nos comentários acerca do crime anterior, segundo o qual é crime fotografar ou armazenar foto de criança ou adolescente em poses nitidamente sensuais, com incontroversa finalidade sexual e libidinosa, mesmo se não houver nudez.

É importante mencionar ainda que, de acordo com o art. 190-A do ECA, incluído pela Lei nº 13.441/2017, é possível se valer da infiltração de agentes na internet na investigação do crime em estudo, bem como nos crimes previstos nos arts. 240, 241, 241-B, 241-C e 241-D do ECA e nos arts. 154-A, 217-A, 218, 218-A e 218-B do Código Penal.

Esse instituto da infiltração de agentes policiais na internet foi uma inovação trazida pela supracitada Lei nº 13.441 e se justifica pela complexidade que envolve a investigação desses crimes sexuais contra crianças e adolescentes, que, em geral, são praticados por meio da internet com interações em redes sociais fechadas, valendo-se os autores de pseudônimos e códigos, sendo extremamente difícil que a Polícia consiga descobrir onde estão ocorrendo essas comunicações e troca de material de pedofilia.

> Art. 241-B. Adquirir, possuir ou armazenar, por qualquer meio, fotografia, vídeo ou outra forma de registro que contenha cena de sexo explícito ou pornográfica envolvendo criança ou adolescente:
>
> Pena – reclusão, de 1 (um) a 4 (quatro) anos, e multa.
>
> § 1º A pena é diminuída de 1 (um) a 2/3 (dois terços) se de pequena quantidade o material a que se refere o *caput* deste artigo.
>
> § 2º Não há crime se a posse ou o armazenamento tem a finalidade de comunicar às autoridades competentes

a ocorrência das condutas descritas nos arts. 240, 241, 241-A e 241-C desta Lei, quando a comunicação for feita por:

I – agente público no exercício de suas funções;

II – membro de entidade, legalmente constituída, que inclua, entre suas finalidades institucionais, o recebimento, o processamento e o encaminhamento de notícia dos crimes referidos neste parágrafo;

III – representante legal e funcionários responsáveis de provedor de acesso ou serviço prestado por meio de rede de computadores, até o recebimento do material relativo à notícia feita à autoridade policial, ao Ministério Público ou ao Poder Judiciário.

§ 3º As pessoas referidas no § 2º deste artigo deverão manter sob sigilo o material ilícito referido.

Esse tipo criminal a simples posse de material pornográfico envolvendo criança ou adolescente, sob qualquer forma, visando, assim, coibir a ação de pessoas que mantém registros para uso próprio.

A doutrina classifica esse crime como sendo comum, doloso, comissivo e plurissubsistente, de modo que cabe tentativa quando o agente, por razões alheias a sua vontade, não alcança a consumação.

Conforme já decidiu o STJ (REsp 1.579.578/PR, 6ª T., Rel. Min. Rogerio Schietti Cruz, j. 04.02.2020, *DJe* 17.02.2020), via de regra, não há automática consunção quando ocorrem armazenamento e compartilhamento de material pornográfico infantojuvenil (arts. 241-A e 241-B, do ECA).

O cometimento de um dos crimes não perpassa, necessariamente, pela prática do outro, mas é possível a absorção, a depender das peculiaridades de cada caso, quando as duas condutas guardem, entre si, uma relação de meio e fim estreitamente vinculadas.

> Art. 241-C. Simular a participação de criança ou adolescente em cena de sexo explícito ou pornográfica por meio de adulteração, montagem ou modificação de fotografia, vídeo ou qualquer outra forma de representação visual:
>
> Pena – reclusão, de 1 (um) a 3 (três) anos, e multa.
>
> Parágrafo único. Incorre nas mesmas penas quem vende, expõe à venda, disponibiliza, distribui, publica ou divulga por qualquer meio, adquire, possui ou armazena o material produzido na forma do *caput* deste artigo.

Deve-se destacar que, para a configuração do crime tipificado neste artigo, não é necessária a prática real de sexo com criança ou adolescente. Pune-se a simulação de tal prática, por intermédio de montagem ou edição de cenas e imagens.

O objetivo da norma é desestimular toda e qualquer produção de imagens pornográficas envolvendo crianças ou adolescentes, ainda que se trate de montagem.

Observe que incorre nesse tipo penal aquele que elabora o material, editando-o, para inserir a imagem da criança ou do adolescente na cena pornográfica e também aquele que distribui ou publica o material.

A doutrina classifica esse crime como comum, doloso, comissivo e plurissubsistente.

> Art. 241-D. Aliciar, assediar, instigar ou constranger, por qualquer meio de comunicação, criança, com o fim de com ela praticar ato libidinoso:

Pena – reclusão, de 1 (um) a 3 (três) anos, e multa.

Parágrafo único. Nas mesmas penas incorre quem:

I – facilita ou induz o acesso à criança de material contendo cena de sexo explícito ou pornográfica com o fim de com ela praticar ato libidinoso;

II – pratica as condutas descritas no *caput* deste artigo com o fim de induzir criança a se exibir de forma pornográfica ou sexualmente explícita.

Aliciar significa atrair a criança com promessas enganosas; assediar é importunar a criança; instigar é fazer nascer na criança a ideia da prática do ato libidinoso e constranger é utilizar de violência ou grave ameaça na conduta. Essas são as condutas punidas no *caput*.

A forma de execução é livre, sendo o meio mais comum o meio virtual, através de redes sociais e *sites* de bate-papo na internet.

Importante destacar que o tipo penal excluiu o adolescente, só deixando a figura da criança, o que é fortemente criticado pela doutrina, pois as pessoas entre 12 e 18 anos também são suscetíveis – e talvez as mais propensas – de aliciamento, principalmente via internet e *sites* de relacionamento.

Segundo a doutrina, trata-se de crime comum, doloso e comissivo. É também um crime de perigo, que se consuma independentemente da ocorrência da prática do ato libidinoso. O elemento normativo do tipo é o ato libidinoso, abrangendo a conjunção carnal ou qualquer ato que visa o atendimento da libido. Logo, o assédio à criança, sem a vontade de praticar ato libidinoso, não configura este crime.

Art. 241-E. Para efeito dos crimes previstos nesta Lei, a expressão "cena de sexo explícito ou pornográfica" compreende qualquer situação que envolva criança ou adolescente em atividades sexuais explícitas, reais ou simuladas, ou exibição dos órgãos genitais de uma criança ou adolescente para fins primordialmente sexuais.

Faz-se necessário diferenciar o conceito de cena de sexo explícito para cena pornográfica. A **cena de sexo explícito** pressupõe o contato físico entre os envolvidos, ao passo que a **cena pornográfica** revela imagens que exprimem atos obscenos, não necessariamente mediante contato físico entre os envolvidos.

Art. 242. Vender, fornecer ainda que gratuitamente ou entregar, de qualquer forma, a criança ou adolescente arma, munição ou explosivo:

Pena – reclusão, de 3 (três) a 6 (seis) anos.

O referido dispositivo foi parcialmente revogado pelo art. 16, § 1°, V, do Estatuto do Desarmamento. Fala-se parcialmente, visto que, quando se tratar de arma de fogo, munição ou explosivo, aplica-se o Estatuto do Desarmamento. No entanto, quando se tratar de arma branca, aplica-se este dispositivo.

Art. 243. Vender, fornecer, servir, ministrar ou entregar, ainda que gratuitamente, de qualquer forma, a criança ou a adolescente, bebida alcoólica ou, sem justa causa, outros produtos cujos componentes possam causar dependência física ou psíquica:

Pena – detenção de 2 (dois) a 4 (quatro) anos, e multa, se o fato não constitui crime mais grave.

Ressalte-se que, antes do advento da Lei n° 13.106/2015, responsável pela alteração do texto do art. 243 do ECA, não havia menção neste dispositivo quanto ao núcleo "servir", tampouco se fazia alusão a "bebida alcoólica", que, na visão jurisprudencial do

STJ, não estaria incluída entre os "produtos cujos componentes possam causar dependência física ou psíquica", de modo que a conduta de servir bebida alcoólica para menor de 18 anos configurava apenas uma contravenção penal (art. 63, I, LCP).

Desta feita, a reforma teve por fito conferir maior rigor à conduta do agente, bem como evitar eventuais dúvidas acerca da abrangência da norma, garantindo o pleno desenvolvimento da criança e do adolescente.

A classificação doutrinária desse crime é comum, doloso, comissivo, formal e de perigo. Admite-se a tentativa.

> **Art. 244.** Vender, fornecer ainda que gratuitamente ou entregar, de qualquer forma, a criança ou adolescente fogos de estampido ou de artifício, exceto aqueles que, pelo seu reduzido potencial, sejam incapazes de provocar qualquer dano físico em caso de utilização indevida:
>
> Pena – detenção de seis meses a dois anos, e multa.

A classificação doutrinária desse crime é comum, comissivo, doloso, de perigo. Trata-se de crime de menor potencial ofensivo e regulado pela Lei nº 9.099/1995.

> **Art. 244-A.** Submeter criança ou adolescente, como tais definidos no *caput* do art. 2º desta Lei, à prostituição ou à exploração sexual:
>
> Pena – reclusão de quatro a dez anos e multa, além da perda de bens e valores utilizados na prática criminosa em favor do Fundo dos Direitos da Criança e do Adolescente da unidade da Federação (Estado ou Distrito Federal) em que foi cometido o crime, ressalvado o direito de terceiro de boa-fé.
>
> § 1º Incorrem nas mesmas penas o proprietário, o gerente ou o responsável pelo local em que se verifique a submissão

186 Estatuto da Criança e do Adolescente

de criança ou adolescente às práticas referidas no *caput* deste artigo.

§ 2º Constitui efeito obrigatório da condenação a cassação da licença de localização e de funcionamento do estabelecimento.

Classifica-se o referido crime como comum, comissivo, doloso, material. Esse crime admite a tentativa. Note que o tipo penal prevê, além da pena de reclusão, a pena de perda de bens em favor do Fundo dos Direitos da Criança e do Adolescente. Trata-se de alteração legislativa promovida pela Lei nº 13.440/2017.

Ressalta-se que a doutrina possui posicionamento no sentido que o presente tipo penal foi tacitamente revogado pela Lei nº 12.015/2009, que inseriu o art. 218-B do Código Penal, sobre o crime de favorecimento da prostituição ou de outra forma de exploração sexual de criança ou adolescente ou de vulnerável.

Não obstante, a Lei nº 13.440/2017 deu nova redação à pena do crime do art. 244-A do ECA. Assim, o legislador teria alterado a pena de um tipo penal já revogado, o que seria inócuo, uma vez que o preceito primário continua revogado.

Art. 244-B. Corromper ou facilitar a corrupção de menor de 18 (dezoito) anos, com ele praticando infração penal ou induzindo-o a praticá-la:

Pena – reclusão, de 1 (um) a 4 (quatro) anos.

§ 1º Incorre nas penas previstas no *caput* deste artigo quem pratica as condutas ali tipificadas utilizando-se de quaisquer meios eletrônicos, inclusive salas de bate-papo da internet.

§ 2º As penas previstas no *caput* deste artigo são aumentadas de um terço no caso de a infração cometida ou induzida estar incluída no rol do art. 1º da Lei nº 8.072, de 25 de julho de 1990.

O bem jurídico tutelado pelo art. 244-B é a formação moral da criança e do adolescente, protegendo-os do mundo da criminalidade. Quanto ao momento da consumação do crime de corrupção de menores, cabe rememorarmos a grande discussão acerca de sua classificação: se material ou formal.

Parcela da doutrina defendia que se tratava de crime material, aquele que descreve a conduta e o resultado, sendo indispensável a ocorrência do resultado naturalístico para a consumação do delito, estando consumado o crime quando da demonstração da efetiva corrupção do menor, além da prática ou indução da prática da infração penal.

Outra parcela defendia que se tratava de crime formal, aquele cujo tipo descreve conduta e resultado, mas dispensa a ocorrência do resultado naturalístico para a consumação do delito, de modo que a conduta delitiva do agente estará consumada com a prática ou a indução à prática de infração penal pelo adolescente.

Após anos de controvérsia, o STJ editou a Súmula nº 500, sendo este também o entendimento do STF:

> Súmula nº 500. A configuração do crime do art. 244-B do ECA independe da prova da efetiva corrupção do menor, por se tratar de delito formal.

Trata-se de crime comum, doloso e formal. Admite tentativa e também a suspensão condicional do processo.

Conforme entende o STJ (REsp 1.680.114/GO, 6ª T., Rel. Min. Sebastião Reis Júnior, j. 10.10.2017 – Informativo nº 613), a prática de crimes **em concurso com dois adolescentes dá ensejo à condenação por dois crimes de corrupção de menores.**

10

Infrações administrativas

10.1 Introdução

O objetivo das infrações administrativas, assim como ocorre na tipificação de crimes, é zelar pelos direitos das crianças e dos adolescentes. As condutas descritas como infrações administrativas são sancionadas sempre com multa, podendo haver também outras penalidades, mas jamais haverá pena de prisão.

Nos moldes do art. 214 do ECA, o valor arrecadado com as multas deve ser revertido aos fundos municipais dos direitos da criança e do adolescente. No que tange à competência para aplicar penalidades administrativas, o art. 148, VI, do Estatuto dispõe que é **competência da Justiça da Infância e da Juventude a aplicação de eventual penalidade administrativa.**

O Estatuto nada dispôs sobre a prescrição da penalidade de multa prevista nas infrações administrativas. No entanto, como se trata de uma sanção administrativa, a prescrição deve ser regulada pelas normas de Direito Administrativo, sendo **quinquenal o prazo prescricional.**

Assim como fizemos no capítulo anterior ao tratar dos crimes, no próximo tópico vamos tratar das infrações administra-

190 Estatuto da Criança e do Adolescente

tivas em espécies, fazendo a transcrição dos artigos correspondentes e breves comentários.

10.2 Infrações administrativas em espécie

Art. 245. Deixar o médico, professor ou responsável por estabelecimento de atenção à saúde e de ensino fundamental, pré-escola ou creche, de comunicar à autoridade competente os casos de que tenha conhecimento, envolvendo suspeita ou confirmação de maus-tratos contra criança ou adolescente:

Pena – multa de três a vinte salários de referência, aplicando-se o dobro em caso de reincidência.

Pratica a infração quem, suspeitando da ocorrência de maus-tratos, deixa de comunicá-la, uma vez que **a simples suspeita já torna a comunicação obrigatória,** devendo os gestores responsáveis pelos setores da educação e saúde promover a devida orientação e conscientização dos profissionais das respectivas áreas, bem como fornecer mecanismos destinados a facilitar as denúncias.

Art. 246. Impedir o responsável ou funcionário de entidade de atendimento o exercício dos direitos constantes nos incisos II, III, VII, VIII e XI do art. 124 desta Lei:

Pena – multa de três a vinte salários de referência, aplicando-se o dobro em caso de reincidência.

Pune-se administrativamente a conduta do responsável ou funcionário de entidade de atendimento, na qual o adolescente se encontra privado de liberdade, que obsta o exercício dos seguintes direitos:

- peticionar diretamente a qualquer autoridade;
- avistar-se reservadamente com seu defensor;
- receber visitas, ao menos, semanalmente;
- corresponder-se com seus familiares e amigos;
- receber escolarização e profissionalização;

> Art. 247. Divulgar, total ou parcialmente, sem autorização devida, por qualquer meio de comunicação, nome, ato ou documento de procedimento policial, administrativo ou judicial relativo a criança ou adolescente a que se atribua ato infracional:
>
> Pena – multa de três a vinte salários de referência, aplicando-se o dobro em caso de reincidência.
>
> § 1º Incorre na mesma pena quem exibe, total ou parcialmente, fotografia de criança ou adolescente envolvido em ato infracional, ou qualquer ilustração que lhe diga respeito ou se refira a atos que lhe sejam atribuídos, de forma a permitir sua identificação, direta ou indiretamente.
>
> § 2º Se o fato for praticado por órgão de imprensa ou emissora de rádio ou televisão, além da pena prevista neste artigo, a autoridade judiciária poderá determinar a apreensão da publicação ~~ou a suspensão da programação da emissora até por dois dias, bem como da publicação do periódico até por dois números.~~ (**Expressão declarada inconstitucional pela ADIN nº 869.**)

Pratica a infração do art. 247 do ECA quem promove a identificação direta ou indireta, ainda que por intermédio da identificação de seus pais ou responsável, ou divulga endereço, apelido ou mesmo iniciais de nome e sobrenome de criança ou adolescente a que se atribua a prática de ato infracional.

192   Estatuto da Criança e do Adolescente

Para a configuração desta infração administrativa, é irrelevante perquirir se houve ou não dolo, bastando a simples constatação da divulgação indevida, sem autorização judicial, maculando o necessário segredo de justiça que permeia o procedimento infracional.

Incorre na mesma pena quem exibe, total ou parcialmente, fotografia de criança ou adolescente envolvido em ato infracional, ou qualquer ilustração que lhe diga respeito ou se refira a atos que lhe sejam atribuídos, de forma a permitir sua identificação, direta ou indiretamente. Trata-se do disposto no art. 247, § 1º, do ECA.

O art. 247, § 2º, por sua vez, dirige-se aos órgãos de imprensa ou emissora de rádio ou televisão. Frise-se que o STF, no julgamento da ADI nº 869-2/DF declarou inconstitucional a passagem que prevê a pena acessória de "suspensão da programação da emissora até por dois dias, bem como da publicação do periódico até por dois números", restando mantida a pena de multa administrativa e a pena acessória da apreensão da publicação em que houve a divulgação indevida.

Impende registrar que, para o STJ (REsp 1.636.815/DF, j. 05.12.2017), a vedação prevista no ECA proíbe a divulgação de qualquer elemento que permita a identificação direta ou indireta do adolescente que tenha cometido ato infracional. A norma não afirma a necessidade de a identificação ser viabilizada ao público em geral; ao contrário, bastaria que a informação divulgada tivesse o potencial de, por exemplo, permitir a um vizinho, colega, professor ou parente do adolescente infrator o eventual conhecimento de seu envolvimento em situações de conflito com a lei para configurar-se a violação da garantia do ECA.

Art. 249. Descumprir, dolosa ou culposamente, os deveres inerentes ao poder familiar ou decorrente de tutela ou guarda, bem assim determinação da autoridade judiciária ou Conselho Tutelar:

Pena – multa de três a vinte salários de referência, aplicando-se o dobro em caso de reincidência.

O art. 249 trata de infração administrativa que ocorre em virtude da irresponsabilidade dos pais, a qual pode decorrer da constatação da prática de condutas ilícitas pelos filhos, que traduziriam o descumprimento do dever de educação.

Esse dispositivo está relacionado com os arts. 244, 246 e 247 do CP que definem os crimes de abandono material, abandono intelectual e abandono moral, respectivamente, e com os arts. 22 e 55 do ECA, que estabelecem o dever dos pais de garantir a educação dos filhos.

Em tese, a manutenção dos filhos no sistema de ensino domiciliar (*homeschooling*), após a decisão do STF, que estabeleceu que essa modalidade de ensino não é admitida atualmente no Brasil por ausência de previsão legal, poderia configurar a presente infração administrativa.

Art. 250. Hospedar criança ou adolescente desacompanhado dos pais ou responsável, ou sem autorização escrita desses ou da autoridade judiciária, em hotel, pensão, motel ou congênere:

Pena – multa.

§ 1º Em caso de reincidência, sem prejuízo da pena de multa, a autoridade judiciária poderá determinar o fechamento do estabelecimento por até 15 (quinze) dias.

§ 2º Se comprovada a reincidência em período inferior a 30 (trinta) dias, o estabelecimento será definitivamente fechado e terá sua licença cassada.

Esse dispositivo está relacionado com o art. 82 do ECA, estabelecendo este que **"é proibida a hospedagem de criança ou adolescente em hotel, motel, pensão ou estabelecimento congênere, salvo se autorizado ou acompanhado pelos pais ou responsável".**

Saliente-se que tanto as pessoas físicas quanto as pessoas jurídicas podem ser sujeitos passivos desta infração administrativa, que restará configurada ainda que o acesso irregular no estabelecimento seja permitido por negligência do responsável pelo estabelecimento ou seus prepostos (STJ, 2ª T., REsp 622.707/SC, Rel. Min. Eliana Calmon, j. 02.02.2010).

Verificada a reincidência, sem prejuízo da pena de multa, a autoridade judiciária poderá determinar o fechamento do estabelecimento por até 15 dias. Além disso, se comprovada a reincidência em período inferior a 30 dias, o estabelecimento será definitivamente fechado e terá sua licença cassada.

> Art. 251. Transportar criança ou adolescente, por qualquer meio, com inobservância do disposto nos arts. 83, 84 e 85 desta Lei:
>
> Pena – multa de três a vinte salários de referência, aplicando-se o dobro em caso de reincidência.

Registra-se que os artigos que constam no dispositivo tratam sobre prevenção especial, especificamente da autorização para viagem, tema este abordado no Capítulo 4, ao qual remetemos o leitor.

Qualquer pessoa, física ou jurídica, que efetuar o transporte irregular da criança ou adolescente, poderá, em tese, ser sujeito ativo da presente infração administrativa. Não se pode olvidar que não é necessário que haja finalidade de lucro e/ou qualquer qualidade especial do agente para perfectibilizar a infração administrativa.

Art. 252. Deixar o responsável por diversão ou espetáculo público de afixar, em lugar visível e de fácil acesso, à entrada do local de exibição, informação destacada sobre a natureza da diversão ou espetáculo e a faixa etária especificada no certificado de classificação:

Pena – multa de três a vinte salários de referência, aplicando-se o dobro em caso de reincidência.

Art. 253. Anunciar peças teatrais, filmes ou quaisquer representações ou espetáculos, sem indicar os limites de idade a que não se recomendem:

Pena – multa de três a vinte salários de referência, duplicada em caso de reincidência, aplicável, separadamente, à casa de espetáculo e aos órgãos de divulgação ou publicidade.

Art. 254. Transmitir, através de rádio ou televisão, espetáculo ~~em horário diverso do autorizado~~ ou sem aviso de sua classificação: (Expressão declarada inconstitucional pela ADI nº 2.404.)

Pena – multa de vinte a cem salários de referência; duplicada em caso de reincidência a autoridade judiciária poderá determinar a suspensão da programação da emissora por até dois dias.

Art. 255. Exibir filme, *trailer*, peça, amostra ou congênere classificado pelo órgão competente como inadequado às crianças ou adolescentes admitidos ao espetáculo:

Pena – multa de vinte a cem salários de referência; na reincidência, a autoridade poderá determinar a suspensão do espetáculo ou o fechamento do estabelecimento por até quinze dias.

196 Estatuto da Criança e do Adolescente

Art. 256. Vender ou locar a criança ou adolescente fita de programação em vídeo, em desacordo com a classificação atribuída pelo órgão competente:

Pena – multa de três a vinte salários de referência; em caso de reincidência, a autoridade judiciária poderá determinar o fechamento do estabelecimento por até quinze dias.

Art. 257. Descumprir obrigação constante dos arts. 78 e 79 desta Lei:

Pena – multa de três a vinte salários de referência, duplicando-se a pena em caso de reincidência, sem prejuízo de apreensão da revista ou publicação.

As infrações administrativas dos arts. 252 a 257 têm como objetivo responsabilizar casos de omissão quanto ao aviso de classificação de idade quanto à diversão, espetáculo público, peças teatrais, filmes, programas de rádio ou de televisão.

É competência da União exercer a classificação, para efeito indicativo, de diversões públicas e de programas de rádio e televisão (CF, art. 220, § 3º). Assim, se a criança ou adolescente for de idade inferior à faixa etária recomendada, não poderá ter acesso às diversões e espetáculos públicos, mesmo que esteja acompanhada de seus pais ou responsável. Além disso, mesmo que a classificação seja livre, a criança menor de 10 anos somente poderá ingressar no local de exibição acompanhada dos pais ou responsável (ECA, arts. 74 e 75).

A classificação indicativa deve abranger os horários de veiculação dos programas, sendo aplicável inclusive, durante o horário de verão, de modo que as emissoras de rádio e televisão somente exibirão, no horário recomendado para o público infantojuvenil, programas com finalidades educativas, artísticas, culturais e informativas (ECA, art. 76).

Sobre a matéria, o STJ, com base no art. 254 acima mencionado, decidiu ser possível a condenação de emissora de televisão ao pagamento de indenização por danos morais coletivos em razão da exibição de filme fora do horário recomendado pelo órgão competente, desde que verificada a conduta que afrontasse gravemente os valores e interesses coletivos fundamentais (REsp 1.840.463/SP, 3ª T., Rel. Min. Marco Aurélio Bellizze, j. 19.11.2019 – Informativo nº 663).

Isso porque, muito embora o Estado não possa determinar que os programas somente possam ser exibidos em determinados horários – sendo a classificação dos programas indicativa – cabe ao Poder Judiciário controlar eventuais abusos e violações ao direito à programação sadia. A liberdade de expressão exige responsabilidade no seu exercício, de sorte que as emissoras deverão resguardar as cautelas necessárias às peculiaridades do público infantojuvenil.

> Art. 258. Deixar o responsável pelo estabelecimento ou o empresário de observar o que dispõe esta Lei sobre o acesso de criança ou adolescente aos locais de diversão, ou sobre sua participação no espetáculo:
>
> Pena – multa de três a vinte salários de referência; em caso de reincidência, a autoridade judiciária poderá determinar o fechamento do estabelecimento por até quinze dias.

Cabe aos proprietários dos estabelecimentos ou os responsáveis pelos eventos e seus prepostos tomarem as cautelas necessárias para impedir o acesso indevido de crianças e adolescentes a seus estabelecimentos e eventos, sendo a responsabilidade decorrente da simples negligência quanto ao controle de acesso.

Art. 258-A. Deixar a autoridade competente de providenciar a instalação e operacionalização dos cadastros previstos no art. 50 e no § 11 do art. 101 desta Lei:

Pena – multa de R$ 1.000,00 (mil reais) a R$ 3.000,00 (três mil reais).

Parágrafo único. Incorre nas mesmas penas a autoridade que deixa de efetuar o cadastramento de crianças e de adolescentes em condições de serem adotadas, de pessoas ou casais habilitados à adoção e de crianças e adolescentes em regime de acolhimento institucional ou familiar.

Os arts. 50 e 101, § 11, do ECA dispõem acerca da necessidade de alimentação de um cadastro atinente às crianças ou adolescentes passíveis de serem adotados e outro atinente às pessoas interessadas na adoção.

A instituição desses cadastros visa moralizar o instituto da adoção, tornando obrigatória a definição de critérios objetivos, na medida do possível, para o chamamento dos interessados, sempre que constatada a existência de crianças ou adolescentes em condições de serem adotados.

Assim, para possibilitar que esse controle seja bem realizado, torna-se obrigatória o preenchimento do respectivo cadastro, sob pena de incidência nesta infração administrativa.

Art. 258-B. Deixar o médico, enfermeiro ou dirigente de estabelecimento de atenção à saúde de gestante de efetuar imediato encaminhamento à autoridade judiciária de caso de que tenha conhecimento de mãe ou gestante interessada em entregar seu filho para adoção:

Pena – multa de R$ 1.000,00 (mil reais) a R$ 3.000,00 (três mil reais).

Parágrafo único. Incorre na mesma pena o funcionário de programa oficial ou comunitário destinado à garantia do direito à convivência familiar que deixa de efetuar a comunicação referida no *caput* deste artigo.

O objetivo da norma é evitar que profissionais de saúde e/ou encarregados de programas de atendimento a crianças, adolescentes e famílias promovam a "intermediação" de adoções irregulares. Demonstra a preocupação do legislador em assegurar que as adoções sejam sempre realizadas em estrita observância das regras e parâmetros estabelecidos em lei, na perspectiva de abolir, em definitivo, as práticas ilegais e abusivas tradicionalmente verificadas.

Caso a mãe esteja decidida a promover a entrega de seu filho para adoção, deve ser orientada a proceder na forma da lei, devendo ser encaminhada, sem constrangimento, à Justiça da Infância e da Juventude, sob pena da prática da infração administrativa.

Art. 258-C. Descumprir a proibição estabelecida no inciso II do art. 81: (Redação dada pela Lei nº 13.106, de 2015.)

Pena – multa de R$ 3.000,00 (três mil reais) a R$ 10.000,00 (dez mil reais); (Redação dada pela Lei nº 13.106, de 2015.)

Medida Administrativa – interdição do estabelecimento comercial até o recolhimento da multa aplicada.

O art. 81, II, dispõe que "é proibida a venda à criança ou ao adolescente de bebidas alcoólicas". Importante frisar que vender, fornecer, ainda que gratuitamente, ministrar ou entregar, de qualquer forma, a uma criança ou adolescente, bebida alcoólica constitui o crime previsto no art. 243 do ECA.

Assim, além de caracterizar o crime do art. 243 do ECA, a venda ou fornecimento de bebidas alcoólicas a crianças e ado-

200 Estatuto da Criança e do Adolescente

lescentes também sujeita o agente a responder pela presente infração administrativa, que, além da multa, impõe a interdição do estabelecimento até o recolhimento da multa.

11

Sinase

11.1 Introdução

A Lei n° 12.594/2012 estabelece as diretrizes do Sistema Nacional de Atendimento Socioeducativo (Sinase), responsável por prestar o atendimento especializado aos adolescentes que praticam ato infracional.

Fazendo uma analogia com a legislação penal, a Lei do Sinase é uma espécie de **"lei de execução" das medidas socioeducativas**, disciplinando tanto a parte administrativa quanto judicial da execução das medidas socioeducativas.

Conforme dispõe o art. 1°, § 1°, da Lei n° 12.594/2012, entende-se por Sinase o conjunto ordenado de princípios, regras e critérios que envolvem a execução de medidas socioeducativas, incluindo-se nele, por adesão, os sistemas estaduais, distrital e municipais, bem como todos os planos, políticas e programas específicos de atendimento a adolescente em conflito com a lei.

Para melhor entender o Sistema estabelecido pela Lei n° 12.594/2012, é necessário, antes de tudo, conhecer os conceitos básicos trazidos pela lei. Vejamos:

202 Estatuto da Criança e do Adolescente

- **Programa de atendimento:** é a organização que funciona, por unidade, prestando as condições necessárias para o cumprimento das medidas socioeducativas.
- **Unidade:** é a base física ou o local de organização e funcionamento do programa de atendimento aos adolescentes.
- **Entidade de atendimento:** é a pessoa jurídica de direito público ou privado (organização não governamental) que instala e mantém a unidade e os recursos humanos e materiais necessários ao desenvolvimento de programas de atendimento.

Passa-se agora a análise de alguns temas que são tratados pela Lei do Sinase.

11.2 Repartição de competências

A Lei nº 12.594/2012 estabelece a repartição de competências entre os entes federativos, estando as atribuições fixadas nos arts. 3º a 6º da Lei. Para facilitar o estudo, trataremos as competências dos entes em tabelas.

Compete à União:
■ elaborar o Plano Nacional de Atendimento Socioeducativo, em parceria com os estados, o Distrito Federal e os municípios;
■ prestar assistência técnica e suplementação financeira aos estados, ao Distrito Federal e aos municípios para o desenvolvimento de seus sistemas;
■ instituir e manter o Sistema Nacional de Informações sobre o Atendimento Socioeducativo, seu funcionamento, entidades, programas, incluindo dados relativos a financiamento e população atendida;
■ contribuir para a qualificação e ação em rede dos Sistemas de Atendimento Socioeducativo;

- estabelecer diretrizes sobre a organização e funcionamento das unidades e programas de atendimento e as normas de referência destinadas ao cumprimento das medidas socioeducativas de internação e semiliberdade;
- instituir e manter processo de avaliação dos Sistemas de Atendimento Socioeducativo, seus planos, entidades e programas;
- financiar, com os demais entes federados, a execução de programas e serviços do Sinase;
- garantir a publicidade de informações sobre repasses de recursos aos gestores estaduais, distrital e municipais, para financiamento de programas de atendimento socioeducativo.

Em relação às competências da União, ressalta-se que é vedado à União desenvolver e ofertar por conta própria os programas de atendimento, pois não possui atribuições materiais. Além disso, é a Secretaria de Direitos Humanos da Presidência da República a responsável pelas funções executiva e de gestão do Sinase.

Compete aos estados e Distrito Federal:

- formular, instituir, coordenar e manter Sistema Estadual de Atendimento Socioeducativo, respeitadas as diretrizes fixadas pela União;
- elaborar o Plano Estadual de Atendimento Socioeducativo em conformidade com o Plano Nacional;
- criar, desenvolver e manter programas para a execução das medidas socioeducativas de semiliberdade e internação;
- editar normas complementares para a organização e funcionamento do seu sistema de atendimento e dos sistemas municipais;
- estabelecer com os municípios formas de colaboração para o atendimento socioeducativo em meio aberto;
- prestar assessoria técnica e suplementação financeira aos municípios para a oferta regular de programas de meio aberto;

- garantir o pleno funcionamento do plantão interinstitucional, nos termos previstos no inciso V do art. 88 da Lei n° 8.069, de 13 de julho de 1990 (Estatuto da Criança e do Adolescente);
- garantir defesa técnica do adolescente a quem se atribua prática de ato infracional;
- cadastrar-se no Sistema Nacional de Informações sobre o Atendimento Socioeducativo e fornecer regularmente os dados necessários ao povoamento e à atualização do Sistema;
- cofinanciar, com os demais entes federados, a execução de programas e ações destinados ao atendimento inicial de adolescente apreendido para apuração de ato infracional, bem como aqueles destinados a adolescente a quem foi aplicada medida socioeducativa privativa de liberdade.

Note que os estados, diferentemente da União, possuem atribuições materiais, ou seja, materializam a execução das medidas socioeducativas de semiliberdade e internação.

Ademais, os estados devem manter em funcionamento o Conselho de Direitos da Criança e do Adolescente, com as funções deliberativas e de controle do Sistema Estadual, inclusive, sendo--lhe submetido o Plano Estadual de Atendimento Socioeducativo.

Compete aos municípios e Distrito Federal:

- formular, instituir, coordenar e manter o Sistema Municipal de Atendimento Socioeducativo, respeitadas as diretrizes fixadas pela União e pelo respectivo estado;
- elaborar o Plano Municipal de Atendimento Socioeducativo, em conformidade com o Plano Nacional e o respectivo Plano Estadual;
- criar e manter programas de atendimento para a execução das medidas socioeducativas em meio aberto;
- editar normas complementares para a organização e funcionamento dos programas do seu Sistema de Atendimento Socioeducativo;

- cadastrar-se no Sistema Nacional de Informações sobre o Atendimento Socioeducativo e fornecer regularmente os dados necessários ao povoamento e à atualização do Sistema;
- cofinanciar, conjuntamente com os demais entes federados, a execução de programas e ações destinados ao atendimento inicial de adolescente apreendido para apuração de ato infracional, bem como aqueles destinados a adolescente a quem foi aplicada medida socioeducativa em meio aberto.

Dentre todas as atribuições dos municípios, destaca-se a que consiste em desenvolver os programas de atendimento de medidas em meio aberto. Além disso, deve-se registrar que os municípios podem formar consórcios entre si para a implementação dos programas.

Observação

O Distrito Federal cumula as competências dos estados e dos municípios, conforme consta nos boxes anteriores.

11.3 Plano individual de atendimento

O cumprimento das medidas socioeducativas, em regime de prestação de serviços à comunidade, liberdade assistida, semiliberdade ou internação, será executado conforme as disposições do **Plano Individual de Atendimento (PIA)**, instrumento de previsão, registro e gestão das atividades a serem desenvolvidas com o adolescente.

O Plano Individual de Atendimento deverá contemplar a participação dos pais ou responsáveis, os quais têm o dever de contribuir com o processo ressocializador do adolescente, sen-

206 Estatuto da Criança e do Adolescente

do elaborada por uma equipe técnica do respectivo programa de atendimento.

Constarão no PIA, no mínimo:

- os resultados da avaliação interdisciplinar;
- os objetivos declarados pelo adolescente;
- a previsão de suas atividades de integração social e/ou capacitação profissional;
- atividades de integração e apoio à família;
- formas de participação da família para efetivo cumprimento do plano individual; e
- as medidas específicas de atenção à sua saúde.

Para o cumprimento das medidas de **semiliberdade ou de internação**, o plano individual conterá ainda:

- a designação do programa de atendimento mais adequado para o cumprimento da medida;
- a definição das atividades internas e externas, individuais ou coletivas, das quais o adolescente poderá participar; e
- a fixação das metas para o alcance de desenvolvimento de atividades externas.

O PIA será elaborado no prazo de até **45 dias** da data do ingresso do adolescente no programa de atendimento.

Para o cumprimento das medidas de prestação de serviços à comunidade e de liberdade assistida, o PIA será elaborado no prazo de até **15 dias** do ingresso do adolescente no programa de atendimento.

Para a elaboração do PIA, a direção do respectivo programa de atendimento, pessoalmente ou por meio de membro da equipe técnica, terá acesso aos autos do procedimento de apuração do ato infracional e aos dos procedimentos de apuração de outros atos infracionais atribuídos ao mesmo adolescente.

Por ocasião da reavaliação da medida, é obrigatória a apresentação pela direção do programa de atendimento de relatório da equipe técnica sobre a evolução do adolescente no cumprimento do plano individual.

O defensor e o Ministério Público poderão requerer, e o Juiz da Execução poderá determinar, de ofício, a realização de qualquer avaliação ou perícia que entenderem necessárias para complementação do plano individual.

A impugnação ou complementação do plano individual, requerida pelo defensor ou pelo Ministério Público, deverá ser fundamentada, podendo a autoridade judiciária indeferi-la, se entender insuficiente a motivação.

Admitida a impugnação, ou se entender que o plano é inadequado, a autoridade judiciária designará, se necessário, audiência da qual cientificará o defensor, o Ministério Público, a direção do programa de atendimento, o adolescente e seus pais ou responsável.

A impugnação não suspenderá a execução do plano individual, salvo determinação judicial em contrário. Findo o prazo sem impugnação, considerar-se-á o plano individual homologado.

11.4 Principais disposições sobre a execução das medidas socioeducativas

Conforme estipula o art. 35 da Lei do Sinase, são princípios que regem a execução das medidas socioeducativas:

- **legalidade**, não podendo o adolescente receber tratamento mais gravoso do que o conferido ao adulto;

- **excepcionalidade da intervenção judicial e da imposição de medidas**, favorecendo-se meios de autocomposição de conflitos;
- **prioridade a práticas ou medidas que sejam restaurativas e**, sempre que possível, atendam às necessidades das vítimas;
- **proporcionalidade** em relação à ofensa cometida;
- **brevidade da medida** em resposta ao ato cometido, em especial o respeito ao que dispõe o art. 122 Estatuto da Criança e do Adolescente;
- **individualização**, considerando-se a idade, capacidades e circunstâncias pessoais do adolescente;
- **mínima intervenção**, restrita ao necessário para a realização dos objetivos da medida;
- **não discriminação** do adolescente, notadamente em razão de etnia, gênero, nacionalidade, classe social, orientação religiosa, política ou sexual, ou associação ou pertencimento a qualquer minoria ou *status*; e
- **fortalecimento dos vínculos familiares e comunitários** no processo socioeducativo.

A aplicação das medidas de internação e semiliberdade somente deve ocorrer em último caso, quando comprovadamente não for cabível solução diversa, e sua execução terá de ocorrer, necessariamente, em entidade própria para adolescentes, que possua estrutura adequada para o atendimento individualizado e especializado a que eles têm direito.

No que tange aos adolescentes sentenciados à internação, deve-se registrar que **não podem** ser penalizados em razão da falta de vagas nas unidades de internação, seja com sua manutenção em repartição policial ou estabelecimento prisional por prazo superior aos 5 dias tolerados pelo art. 185, § 2º, do ECA, seja com seu envio para unidades já superlotadas, que em razão disto não têm condições de prestar o atendimento individualizado e especializado previsto em lei.

Conforme dispõe o art. 49, II, da Lei do Sinase, o adolescente tem direito de ser incluído em programa de meio aberto quando inexistir vaga para o cumprimento de medida de privação da liberdade, exceto nos casos de ato infracional cometido mediante grave ameaça ou violência à pessoa, quando o adolescente deverá ser internado em unidade mais próxima de seu local de residência.

No entanto, o STJ (HC 338.517/SP, Rel. Min. Nefi Cordeiro, j. 17.12.2015 – Info 576) relativiza a regra do art. 49, II, da Lei do Sinase, pois entende que, caso não haja vaga em estabelecimento para o cumprimento da medida de privação de liberdade, o magistrado deve analisar o caso concreto, levando em consideração o que foi colhido no processo de apuração, bem como os relatórios técnicos dos profissionais, para, só então, verificar a imprescindibilidade da medida de internação ou se é adequado fazer a substituição da medida imposta por outra em meio aberto.

As medidas socioeducativas de liberdade assistida, de semiliberdade e de internação deverão ser **reavaliadas, no máximo,** a cada 6 meses, podendo a autoridade judiciária, se necessário, designar audiência, no prazo máximo de 10 dias, cientificando o defensor, o Ministério Público, a direção do programa de atendimento, o adolescente e seus pais ou responsável.

A audiência será instruída com o relatório da equipe técnica do programa de atendimento sobre a evolução do plano de que trata o art. 52 da Lei do Sinase e com qualquer outro parecer técnico requerido pelas partes e deferido pela autoridade judiciária.

Importante destacar que o juiz, detentor do livre convencimento motivado, não está vinculado ao relatório da equipe técnica para proferir sua decisão quando da avaliação da medida socioeducativa mais adequada ao caso concreto, sendo este parecer não vinculante (RHC 122.125, 1ª T., Rel. Min. Rosa Weber, j. 07.10.2014, DJe 28.10.2014).

Atenção!

A **gravidade em abstrato** do ato infracional, os antecedentes e o tempo de duração da medida não são fatores que, por si só, justifiquem a não substituição da medida por outra menos grave.

Considera-se mais grave a internação, em relação a todas as demais medidas, e mais grave a semiliberdade, em relação às medidas de meio aberto.

A reavaliação da manutenção, da substituição ou da suspensão das medidas de meio aberto ou de privação da liberdade e do respectivo plano individual pode ser solicitada a qualquer tempo, a pedido da direção do programa de atendimento, do defensor, do Ministério Público, do adolescente, de seus pais ou responsável. Justifica o pedido de reavaliação, entre outros motivos:

- o desempenho adequado do adolescente com base no seu plano de atendimento individual, antes do prazo da reavaliação obrigatória;
- a inadaptação do adolescente ao programa e o reiterado descumprimento das atividades do plano individual; e
- a necessidade de modificação das atividades do plano individual que importem em maior restrição da liberdade do adolescente.

A autoridade judiciária poderá indeferir o pedido, de pronto, se entender insuficiente a motivação. Admitido o processamento do pedido, a autoridade judiciária, se necessário, designará audiência.

A substituição por medida mais gravosa somente ocorrerá em situações excepcionais, após o devido processo legal, devendo ser fundamentada em parecer técnico e precedida de prévia audiência.

Na hipótese de **substituição** da medida ou modificação das atividades do plano individual, a autoridade judiciária remeterá o inteiro teor da decisão à direção do programa de atendimento, assim como as peças que entender relevantes à nova situação jurídica do adolescente.

No caso de a substituição da medida importar em vinculação do adolescente a outro programa de atendimento, o plano individual e o histórico do cumprimento da medida deverão acompanhar a transferência.

Se, no transcurso da execução, sobrevier sentença de aplicação de nova medida, a autoridade judiciária procederá à **unificação**, ouvidos, previamente, o Ministério Público e o defensor, no prazo de 3 dias sucessivos, decidindo-se em igual prazo (art. 45, *caput*, Sinase).

Destaque-se que, na unificação, as medidas pendentes devem ser reunidas, o que abrange não só as sentenças proferidas depois do início do processo de execução, mas também as medidas estabelecidas por sentenças anteriores à instauração do processo de execução, sob pena de se colocar em risco a individualização da medida e tornar insuficientes as providências constantes do PIA.

O título executivo inicial será substituído por uma nova guia retificadora após a unificação. Assim, o termo inicial passa a ser a data da decisão de unificação, seja para fins de PIA, seja para fins de reavaliação.

Frise-se que a unificação não é mera soma das medidas. Deve ser levado em consideração o objetivo da aplicação da medida, podendo, com isso, a qualquer momento, haver progressão, substituição, regressão ou dilação do prazo da medida, uma vez que o comportamento do adolescente é o que baliza a execução.

Assim, para a unificação, será analisada a natureza das medidas, sendo que a mais grave absorverá as demais, a partir da qual é possível a alteração, regressão, progressão e dilação da medida, de acordo com a resposta do adolescente à execução. No entanto, quando se tratar de unificação de medidas de meio aberto, é perfeitamente possível a coexistência de mais de uma medida, a exemplo do cumprimento conjunto da medida de liberdade assistida e prestação de serviços à comunidade.

Nos termos do art. 45, § 1º, do Sinase, é vedado à autoridade judiciária determinar reinício de cumprimento de medida socioeducativa ou deixar de considerar os prazos máximos e de liberação compulsória previstos no ECA, excetuada a hipótese de medida aplicada por ato infracional praticado durante a execução.

É vedado à autoridade judiciária aplicar nova medida de internação, por atos infracionais praticados anteriormente, a adolescente que já tenha concluído cumprimento de medida socioeducativa dessa natureza, ou que tenha sido transferido para cumprimento de medida menos rigorosa, sendo tais atos absorvidos por aqueles aos quais se impôs a medida socioeducativa extrema (Lei do Sinase, art. 45, § 2º).

Imagine a seguinte situação: Pedro, adolescente, praticou ato infracional equiparado a roubo qualificado em 2019 e outro equiparado a homicídio em 2020. Pedro foi julgado em 2020 pelo ato infracional equiparado ao roubo qualificado, tendo sido aplicado medida socioeducativa de internação. Após 12 meses internado, tal medida foi substituída por semiliberdade. Ocorre que, em 2021, Pedro foi julgado pelo homicídio. Nesse caso, Pedro não poderá cumprir medida de internação pelo homicídio, tendo em vista a vedação constante no art. 45, § 2°, do Sinase.

A intenção do legislador foi privilegiar o caráter pedagógico da medida socioeducativa, e não o seu caráter sancionatório. Ora, no caso acima apresentado, se o adolescente já estava em progressão para semiliberdade e surgiu uma nova medida de internação para ser cumprida por ato anterior ao início do cumprimento da medida, reiniciar o cumprimento de uma nova medida de internação seria desprestigiar toda a evolução obtida pelo adolescente durante a execução.

Nos termos do art. 46 da Lei do Sinase, a medida socioeducativa será **declarada extinta**:

- pela morte do adolescente;
- pela realização de sua finalidade;
- pela aplicação de pena privativa de liberdade, a ser cumprida em regime fechado ou semiaberto, em execução provisória ou definitiva;
- pela condição de doença grave, que torne o adolescente incapaz de submeter-se ao cumprimento da medida; e
- nas demais hipóteses previstas em lei.

No caso de o maior de 18 anos, em cumprimento de medida socioeducativa, responder a processo-crime, caberá à autoridade judiciária decidir sobre eventual extinção da execução, cientificando da decisão o juízo criminal competente.

Em qualquer caso, o tempo de prisão cautelar não convertida em pena privativa de liberdade deve ser descontado do prazo de cumprimento da medida socioeducativa. É o que se denomina **detração interdisciplinar**.

Referências

BARROS, Guilherme Freire de Melo. *Estatuto da Criança e do Adolescente*. Salvador, JusPodivm, 2019.

DINIZ, Maria Helena. *Dicionário jurídico*. São Paulo: Saraiva, 2017.

ISHIDA, Válter Kenji. *Estatuto da Criança e do Adolescente*: doutrina e jurisprudência. 19. ed. Salvador: JusPodivm, 2018.

MACIEL, Kátia Regina Ferreira Lobo Andrade. *Curso de direito da criança e do adolescente*. 11. ed. São Paulo: Saraiva, 2018.

NUCCI, Guilherme de Souza. *Estatuto da Criança e do Adolescente comentado*. 2. ed. Rio de Janeiro: Forense, 2015.

RAMIDOFF, Mário Luiz. *Sinase – Sistema Nacional de Atendimento Socioeducativo*: comentários à Lei n. 12.594, de 18 de janeiro de 2012. São Paulo: Saraiva, 2012.

ROSSATO, Luciano Alves; LÉPORE, Paulo Eduardo; CUNHA, Rogério Sanches. *Estatuto da Criança e do Adolescente*: comentado artigo por artigo. 9. ed. São Paulo: Saraiva, 2017.

SEABRA, Gustavo Cives. *Sistema Nacional de Atendimento Socioeducativo – Sinase*. 2. ed. Salvador: JusPodivm, 2019.